pâtisserie
à la maison

pâtisserie facile
à la maison

Sara Lewis

À Miss Morley, amie de toujours, pour l'inspiration
qu'elle m'a donnée.

Publié pour la première fois en Grande-Bretagne en
2008 sous le titre *Cakes & bakes*.

Traduit de l'anglais par Valentine Morizot et Maud Kesteloot

© 2008 Octopus Publishing Group Ltd
© 2008 Marabout (Hachette Livre) pour la traduction
et l'adaptation de la présente édition

Crédits photos © Octopus Publishing Group Ltd/
William Shaw.
pages 19, 69, 145 © Stephen Conroy ;
pages 25, 41, 61, 85, 93, 97, 157, 161, 165, 177,
179, 193, 211 © William Lingwood ;
pages 133, 139, 171 © Emma Neish ;
pages 33, 73, 77, 81,89, 149, 199, 219, 229
© Lis Parsons ;
page 103 © Gareth Sambridge ;
pages 141, 175 © Ian Wallace.

Dépôt légal : juin 2008
ISBN : 978-2-501-05772-1
Codif : 40 4607 4/01
Imprimé en Espagne par Quebecor-Cayfosa

sommaire

introduction   6

petits gâteaux   14

biscuits   64

gâteaux à partager   106

gâteaux fourrés   134

cakes sucrés   180

pâtisserie   206

desserts sans cuisson   222

annexe   236

introduction

Faire de la pâtisserie soi-même, quoi de plus gratifiant ? Après une semaine chargée, détendez-vous en préparant une fournée de biscuits. L'odeur alléchante attirera petits et grands autour de la cuisine qui voudront les goûter sans même attendre qu'ils refroidissent. C'est que la pâtisserie faite maison est sans pareil.

En préparant un gâteau, vous ferez plaisir à votre famille et à vos amis d'une manière très personnelle. La plupart des grands gâteaux fourrés (p. 134-179) peuvent être personnalisés si vous les décorez de bougies fantaisie ou écrivez un message avec du chocolat liquide ou du glaçage. Et lorsque vous êtes invité chez des amis, au lieu de leur offrir des fleurs, apportez-leur une fournée de petits gâteaux (p. 14-63) ou de biscuits (p. 64-107). Si vous avez peu de temps, essayez les recettes de grands gâteaux (p. 108-133) : faciles et rapides à réaliser, ils sont parfaits pour les pique-niques et

les petits creux à l'école ou au bureau. La plupart de ces gâteaux peuvent également être dégustés chauds, accompagnés de crème anglaise ou de glace.

Vous pouvez aussi profiter de ces recettes pour faire découvrir la pâtisserie à vos enfants. Car contrairement à ce que certains croient, faire un gâteau n'a rien de sorcier. Une balance et quelques moules à gâteaux, et vous n'avez plus qu'à suivre la recette à la lettre. C'est un véritable jeu d'enfant !

De plus, si vous le souhaitez, vous pouvez réduire les arômes artificiels et les additifs. Vous saurez exactement ce qu'il y a dans votre assiette. Il est probable que les placards de votre cuisine contiennent déjà un grand nombre de choses utiles. Vous n'aurez qu'à acheter les ingrédients et les ustensiles manquants la prochaine fois que vous irez au supermarché ou dans un magasin spécialisé.

ustensiles

Les recettes de ce livre sont très faciles à réaliser et vous possédez sûrement déjà une grande partie du matériel nécessaire.

balance

Une bonne balance de cuisine est indispensable. Trop de graisse, le gâteau s'affaissera ; trop de farine, il sera sec. Les balances électroniques sont les plus faciles à utiliser. Elles sont aussi les plus précises puisque le poids s'affiche à la décimale près. Vous pouvez poser un récipient vide dessus, mettre à zéro, puis ajouter les ingrédients dans le récipient et les peser. Remettez le compteur à zéro, et vous pouvez verser d'autres ingrédients dans le même récipient. Extrêmement pratique pour peser un mélange de farine, de beurre et de sucre !

De plus, les balances électroniques prennent souvent moins de place que les balances mécaniques. Il faudra juste un jour changer les piles. Alors gardez-en un jeu sous la main !

Les adeptes des balances mécaniques doivent juste s'assurer que les petites quantités sont faciles à peser, certaines ne sont graduées que tous les 50 g.

Vérifiez que votre balance est bien réglée en pesant une plaquette de beurre neuve. Si le poids qui s'affiche correspond au poids inscrit sur l'emballage, c'est que votre balance est bien réglée. Sinon, ajustez-la !

cuillères de mesure

Un jeu de cuillères de mesure (de ¼ de cuillerée à café jusqu'à 1 cuillerée à soupe) vous servira à mesurer des ingrédients comme le sucre, la levure chimique, le jus de citron, l'extrait de vanille ou l'huile. Lorsque vous mesurez des ingrédients secs, les cuillerées doivent être rases, sauf indication contraire.

verre doseur

Un verre doseur en verre est plus facile à lire et plus solide qu'un modèle en plastique – mais attention de ne pas le faire tomber par terre ! Posez-le sur le plan de travail et baissez-vous pour lire la mesure plutôt que de lever le verre à la hauteur de vos yeux.

bols et saladiers

En verre, en inox, en porcelaine ou en plastique, il vous en faudra au moins trois tailles différentes. Choisissez-en qui s'emboîtent les uns dans les autres afin de pouvoir les ranger facilement. Un plus grand saladier pourra vous être utile pour les gros gâteaux aux fruits ou les gâteaux d'anniversaire.

grille à pâtisserie

Une fois la cuisson achevée, posez vos gâteaux sur une grille afin que la vapeur s'échappe et que le fond reste sec. Préférez une grille à mailles étroites. Vous pouvez aussi utiliser la grille du four.

emporte-pièces

Un jeu d'emporte-pièces lisses et cannelés de bonne qualité vous servira toute la vie. Ils sont des plus utiles pour confectionner des biscuits et petits gâteaux, mais aussi des tartelettes, et des scones.

poche à douille

S'ils ne sont pas indispensables, ces ustensiles sont très utiles pour les meringues, les éclairs et les biscuits fourrés. Il est bon de disposer d'une grande douille cannelée de 1 cm de diamètre et d'une douille lisse. Les poches en nylon sont généralement plus souples et plus faciles à utiliser que les poches en plastique.

robot multifonction et batteur électrique

Ils sont l'un comme l'autre très utiles pour réaliser en un tournemain tous vos gâteaux à la crème, sablés, petits gâteaux, scones et glaçages. Mais l'avantage du robot, c'est qu'avec son couvercle, fini les salissures : le sucre glace et la farine ne font pas de poussière. Si vous ajoutez des fruits à une pâte, n'oubliez pas de remplacer la lame en métal par une lame en plastique et d'appuyer sur le bouton de marche par de très courtes pressions : les fruits ne seront pas hachés, mais bien mélangés.

Les batteurs électriques fixes ou les fouets à main sont aussi pratiques les uns que les autres. Cependant, seul un fouet à main vous permet de battre des ingrédients dans un bol posé sur une casserole d'eau bouillante.

Autres ustensiles utiles

Pinceau à pâtisserie Pour graisser les moules et glacer les scones.

Spatule en plastique souple Pour incorporer de la farine ou des blancs en neige et transvaser une préparation dans un moule.

Spatule en métal Une petite spatule de 10 cm est idéale pour détacher un gâteau de son moule, une plus grande de 25 cm vous aidera à transférer un grand gâteau sur un plateau.

Rouleau à pâtisserie Vous en avez probablement déjà un. Mais si vous devez en acheter, choisissez-le sans poignées.

Fouet Pour fouetter les glaçages et la crème.

Cuillère en bois Pour incorporer de la crème et des ingrédients fondus. Une cuillère avec un manche court est plus facile à manier.

Grand pic en métal Pour vérifier la cuisson des gâteaux.

préparation des moules

Graissez un moule à l'aide d'un pinceau à pâtisserie imbibé d'un peu d'huile de tournesol ou d'huile végétale, ou en enduisant l'intérieur du moule d'une noisette de beurre. Même les moules à revêtement antiadhésif doivent être légèrement graissés ou chemisés de papier sulfurisé.

papier sulfurisé

Le papier sulfurisé ne colle pas et s'utilise pour chemiser un moule ordinaire, un moule profond rond ou carré, ou une plaque, sans ajout de matière grasse.

comment chemiser un…

Moule à gâteau rond et profond Posez le moule sur du papier antiadhésif, dessinez le contour et découpez le disque tracé. Découpez par ailleurs une bande de papier un peu plus large que la hauteur du moule et un peu plus longue que le strict nécessaire afin que ses extrémités se superposent une fois placées dans le moule. Repliez un bord de la bande dans le sens de la longueur et faites-y des petites entailles à intervalle régulier. Disposez la bande de papier à l'intérieur du moule non graissé, la partie repliée vers le bas, puis posez par-dessus le disque de papier.

Moule à gâteau carré profond La technique est la même. Il suffit de faire 4 entailles dans la bande de papier aux endroits correspondant aux 4 coins du moule.

Moule rond peu profond Posez le moule sur du papier antiadhésif, tracez le contour et découpez le disque. Placez-le sur le moule graissé, puis graissez le papier.

Plat à rôtir rectangulaire ou moule à gâteau roulé Découpez un rectangle de papier un peu plus grand que le moule. Faites des entailles en diagonale au niveau des coins. Placez le papier dans le plat non graissé de sorte à bien recouvrir le fond et les bords du plat. Pour les moules à gâteaux roulés, laissez le papier dépasser légèrement des bords.

Moule à cake Découpez une bande de papier de la même longueur que le moule et assez large pour recouvrir le fond et les bords, placez-le dans le moule graissé, puis graissez le papier. Il n'est pas nécessaire de recouvrir les deux autres bords du moule.

trucs et astuces

Les temps de cuisson sont donnés à titre indicatif. Il faut donc vérifier la cuisson de votre gâteau. Si possible, regardez à travers la vitre du four. En tout cas, ne l'ouvrez jamais avant la mi-cuisson : attendez que le gâteau soit assez cuit pour qu'il ne s'affaisse pas. Même en fin de cuisson, ouvrez la porte du four avec précaution, juste assez pour voir où en est le gâteau. S'il cuit plus rapidement sur le devant ou les côtés, tournez-le afin que la cuisson soit homogène.

Une fois cuits, les gâteaux doivent avoir une couleur uniforme. Lorsque vous enfoncez un pic en métal au milieu d'un gâteau, il doit ressortir sec et propre.

Assurez-vous que votre moule est de la bonne taille. Un moule se mesure au niveau de sa base – ceci est important pour les moules qui possèdent des bords légèrement évasés avec un petit rebord, comme les plats à rôtir par exemple.

problèmes et solutions

Si votre gâteau n'est pas comme vous le souhaitez, cette liste vous aidera peut-être à identifier le problème.

Le gâteau est trop cuit sur le dessus
- La température de cuisson ou la plaque du four est trop élevée.
- Le moule est trop petit et le gâteau très épais.

Les fruits sont tombés au fond
- Il y a trop de fruits.
- Les fruits sont mouillés ou si vous avez utilisé des cerises confites, elles contiennent peut-être trop de sucre.

Le gâteau retombe
- Vous avez ouvert le four avant que le gâteau soit assez cuit.
- Vous avez sorti trop tôt le gâteau.
- Vous avez mis trop de levure : le gâteau a gonflé rapidement, mais il est retombé avant d'être suffisamment cuit.

Le gâteau n'est pas assez gonflé
- Il y avait trop peu d'air dans le gâteau.
- La farine n'a peut-être pas été incorporée assez délicatement.
- La température du four était trop basse.
- Vous avez oublié la levure.
- Vous avez utilisé de la farine ordinaire à la place de farine à levure incorporée.
- Le moule est trop grand.

Le gâteau est sec
- Il n'y a pas suffisamment de matière grasse.
- Le gâteau est trop cuit.
- Vous avez oublié d'emballer le gâteau et de le mettre dans une boîte en métal ou en plastique après la cuisson.

conservation

En général, les gâteaux et les biscuits se conservent dans une boîte hermétique dans un endroit frais. S'ils comportent de la crème ou un glaçage, ils doivent être mis au réfrigérateur. Vous pouvez congeler la plupart des pâtisseries, mais si la recette comprend un glaçage ou des fruits frais, il vaut mieux les ajouter après la décongélation. Mettez les gâteaux fragiles tels quels au congélateur jusqu'à ce qu'ils soient fermes, puis conservez-les dans du film alimentaire, dans du papier d'aluminium ou dans une boîte en plastique. Les gâteaux moins fragiles peuvent être directement emballés, puis congelés. Les grands gâteaux peuvent être congelés coupés en parts en intercalant du papier de cuisson entre celles-ci : vous pourrez ainsi décongeler la quantité souhaitée.

Les gâteaux congelés doivent être consommés dans les 3 mois et décongelés 2 à 4 heures à température ambiante. Les scones et les biscuits sont meilleurs si vous les enfournez 5 à 10 minutes à 180 °C une fois décongelés.

Et n'oubliez pas…

• d'utiliser un pinceau à pâtisserie pour graisser les moules et glacer les scones.
• de préchauffer votre four en réduisant la température de 10 à 20 °C si vous avez un four à chaleur tournante.
• de placer la grille au centre du four, sauf si vous faites cuire plusieurs plaques à la fois.
• de graisser et de chemiser les moules avant de commencer la recette.
• d'utiliser un minuteur afin de vérifier la cuisson.

petits
gâteaux

meringues pistache chocolat

Pour **16 meringues**
Préparation **30 minutes**
Cuisson **45 à 60 minutes**

3 **blancs d'œufs**
175 g de **sucre en poudre**
50 g de **pistaches**
  décortiquées et finement
  hachées
150 g de **chocolat noir**
  à croquer en morceaux
150 ml de **crème fraîche**
  épaisse

Dans un grand bol, montez les blancs d'œufs en neige jusqu'à ce qu'ils soient fermes. À l'aide d'une cuillère à café, incorporez tout le sucre. Fouettez quelques minutes jusqu'à ce que le mélange soit ferme.

Ajoutez les pistaches. Confectionnez des petites meringues en forme de pointe sur deux grandes plaques de cuisson recouvertes de papier sulfurisé.

Faites cuire 45 à 60 minutes au four préchauffé à 100 °C. Laissez-les refroidir sur le papier.

Faites fondre le chocolat au bain-marie. Retirez les meringues du papier et trempez leur base dans le chocolat. Reposez-les sur le papier en les inclinant sur le côté. Laissez-les refroidir jusqu'à ce que le chocolat soit dur.

Avant de servir, fouettez la crème fraîche, puis assemblez les meringues deux par deux avec de la crème. Si vous le souhaitez, vous pouvez servir les meringues dans des petits moules en papier et les disposer sur un plat ou sur un présentoir à gâteaux. Il faut les manger le jour où vous les avez collées (nature, les meringues se conservent 2 à 3 jours).

Meringues au safran et au chocolat Ajoutez une grosse pincée de pistil de safran aux blancs d'œufs avant de les battre. N'utilisez pas de pistaches. Trempez les meringues dans le chocolat fondu, assemblez-les deux par deux avec de la crème fouettée et servez-les comme indiqué dans la recette.

cupcakes aux bonbons

Pour **12 petits gâteaux**
Préparation **20 minutes**
  + pose du glaçage
Cuisson **15 à 18 minutes**

125 g de **farine**
125 g de **sucre en poudre**
125 g de **margarine** ramollie
1 ½ c. à c. de **levure
chimique**
1 ½ c. à c. d'**extrait
de vanille**
2 **œufs**

Glaçage
125 g de **sucre glace**
½ c. à c. d'**extrait
de vanille**
4 c. à c. d'**eau**
quelques gouttes de
  colorant alimentaire
  jaune, vert et rose
bonbons dragéifiés
  pour décorer

Mettez tous les ingrédients pour confectionner les cupcakes dans un saladier et mélangez-les jusqu'à obtention d'une pâte lisse. À l'aide d'une cuillère, répartissez la préparation dans 12 petites caissettes en papier d'aluminium disposées dans les alvéoles d'un moule à muffins préalablement graissés. Faites cuire 15 à 18 minutes au four préchauffé à 180 °C jusqu'à ce que les gâteaux soient bien gonflés et retombent doucement lorsqu'on appuie dessus du bout du doigt. Laissez refroidir sur la plaque.

Pour le glaçage, mélangez le sucre glace, la vanille et suffisamment d'eau pour obtenir un glaçage lisse. Répartissez la préparation dans 3 bols et colorez chaque bol d'une couleur différente. Retirez les gâteaux de la plaque, recouvrez-les de glaçage et décorez-les de bonbons dragéifiés. Laissez refroidir 30 minutes jusqu'à ce que le glaçage ait durci.

Gâteaux « pour adultes » Suivez les instructions ci-dessus, mais n'utilisez qu'une couleur de glaçage au lieu de trois et décorez les gâteaux avec de fines lamelles de dragées de couleurs pastel à la place des bonbons dragéifiés.

petits cakes au citron et à l'orange

Pour **12 cakes**
Préparation **20 minutes**
Cuisson **12 à 15 minutes**

250 g de **farine à levure incorporée**
200 g de **sucre en poudre**
le **zeste** et **jus** de 1 **citron**
le **zeste** et **jus** de 1 **orange**
3 **œufs**
2 c. à s. de **lait**
100 g de **beurre** fondu

Versez la farine dans un grand bol et ajoutez la moitié du sucre et la moitié des zestes d'orange et de citron. Battez délicatement les œufs et le lait. Ajoutez ce mélange, ainsi que le beurre fondu dans le grand bol, puis battez jusqu'à obtention d'une pâte lisse.

À l'aide d'une cuillère, remplissez de pâte les 12 alvéoles d'un moule à muffins graissé. Faites cuire 12 à 15 minutes au four préchauffé à 190 °C jusqu'à ce que les cakes soient bien gonflés, fermes et croustillants sur le dessus.

Préparez le sirop au citron et à l'orange. Mettez le sucre et les zestes restants dans un grand bol. Versez-y les jus de fruits et mélangez le tout jusqu'à ce que le sucre soit dissous.

À la sortie du four, détachez les cakes des bords puis démoulez-les. Disposez ensuite les cakes sur une assiette plate, piquez le dessus avec un pic en métal ou une fourchette et arrosez délicatement de sirop, petit à petit, jusqu'à ce qu'il soit absorbé par les gâteaux. Laissez refroidir. Ces cakes sont meilleurs s'ils sont dégustés le jour même.

Cakes au sirop de citron Réalisez la pâte avec 2 citrons et suivez la recette. Préparez un sirop au citron. Servez chaud avec de la glace à la vanille, et régalez-vous !

scones orange raisins secs

Pour **10 scones**
Préparation **20 minutes**
Cuisson **10 à 12 minutes**

375 g de **farine à levure incorporée**
50 g de **beurre** coupé en dés
50 g de **sucre en poudre** + un peu pour saupoudrer
75 g de **raisins de Smyrne**
le **zeste** de 1 **orange**
1 **œuf** battu
150 à 200 ml de **lait** demi-écrémé

Pour servir
5 c. à s. de **confiture d'abricots**
225 g de **crème fraîche épaisse**

Versez la farine dans un saladier ou dans le bol d'un robot. Ajoutez le beurre et travaillez du bout des doigts, ou mixez le mélange jusqu'à obtention de sable. Incorporez le sucre, les raisins et le zeste.

Ajoutez l'œuf, réservez-en 1 cuillerée à soupe. Incorporez du lait pour obtenir une pâte souple.

Travaillez délicatement la pâte, puis étalez-la sur un plan de travail fariné sur une épaisseur de 1,5 cm. À l'aide d'un emporte-pièce lisse, découpez-y des disques de 5,5 cm de diamètre. (N'essayez pas d'étaler davantage la pâte afin de faire davantage de scones : elle serait trop fine et vos scones auraient l'air misérable !) Disposez les disques sur une plaque graissée. Vous devez obtenir 10 scones au total.

Badigeonnez le dessus des scones avec l'œuf restant, puis saupoudrez-les d'un peu de sucre. Mettez-les 10 à 12 minutes au four préchauffé à 200 °C. Laissez-les refroidir sur la plaque.

Servez les scones chauds ou froids, coupés en deux, et garnis de confiture et de crème fraîche. Ils sont meilleurs le jour même.

Scones à la cannelle Réalisez la recette en supprimant le zeste d'orange et les raisins et en utilisant ½ cuillerée à café de cannelle en poudre. Avant de faire cuire les scones, saupoudrez-les de 2 cuillerées à soupe de sucre mélangé à ½ cuillerée à café de cannelle.

muffins aux noix de pécan

Pour **8 muffins**
Préparation **10 minutes**
Cuisson **20 à 25 minutes**

300 g de **farine à levure
  incorporée**
1 c. à c. de **levure chimique**
125 g de **sucre roux**
1 **œuf**
50 ml de **sirop d'érable**
250 ml de **lait**
50 g de **beurre doux** fondu
125 g de **chocolat blanc**
  finement haché
75 g de **noix de pécan**
  grossièrement hachées

Décoration
noix de pécan hachées
chocolat blanc haché

Tamisez la farine et la levure dans un saladier, puis incorporez le sucre. Battez l'œuf, le sirop d'érable, le lait et le beurre puis ajoutez-les aux ingrédients secs en mélangeant bien jusqu'à obtention d'une pâte homogène. Ajoutez ensuite le chocolat et les noix de pécan.

Divisez le mélange en 8 portions égales et répartissez-les dans les alvéoles d'un moule à muffins. Décorez le dessus de chocolat blanc et de noix de pécan. Faites cuire 20 à 25 minutes au four préchauffé à 200 °C jusqu'à ce que les muffins soient gonflés et dorés. Déposez-les muffins sur une grille et laissez-les refroidir.

Muffins au chocolat au lait et aux noix Suivez la recette, mais remplacez le chocolat blanc et les noix de pécan par 125 g de chocolat au lait finement haché et 75 g de noix grossièrement hachées.

galettes croustillantes aux raisins

Pour **30 galettes**
Préparation **25 minutes**
Cuisson **18 minutes**

250 g de **farine à levure incorporée**
125 g de **beurre** coupé en dés
100 g de **sucre en poudre** + un peu pour saupoudrer
50 g de **raisins de Corinthe**
50 g de **raisins de Smyrne**
1 c. à c. de **mélange d'épices** en poudre
le **zeste** de ½ **citron**
1 **œuf** battu
1 c. à s. de **lait** si nécessaire
huile pour graisser le gril ou la poêle

Versez la farine dans un saladier ou dans le bol d'un robot. Ajoutez le beurre et travaillez du bout des doigts, ou mélangez au robot jusqu'à obtention de sable. Incorporez le sucre, les raisins secs, le mélange d'épices en poudre et le zeste de citron.

Ajoutez progressivement l'œuf, puis, si nécessaire, versez du lait afin d'obtenir une pâte lisse. Travaillez délicatement, puis étalez sur un plan de travail légèrement fariné sur une épaisseur de 5 mm. À l'aide d'un emporte-pièce rond cannelé, découpez des disques de 5 cm de diamètre. Répétez l'opération avec le reste de la pâte.

Huilez légèrement une feuille de papier absorbant pliée en plusieurs épaisseurs et graissez la plaque d'un gril ou une poêle antiadhésive. Faites chauffer la poêle, puis faites cuire les galettes en plusieurs fois en huilant la plaque ou la poêle aussi souvent que nécessaire. Faites dorer les galettes 3 minutes de chaque côté à feu doux ou moyen jusqu'à ce qu'elles soient bien cuites. Servez-les chaudes, saupoudrées du sucre ou arrosées d'un peu de beurre fondu si vous préférez. Conservez les galettes dans une boîte hermétique 2 jours maximum.

Galettes croustillantes à l'orange et à la cannelle
Utilisez le zeste de ½ orange et 1 cuillerée à café de cannelle en poudre à la place du zeste de citron et du mélange d'épices.

petites brioches de Pâques

Pour **12 brioches**
Préparation **1 heure**
 + levage et repos
Cuisson **20 minutes**

2 c. à s. de **levure sèche
 active**
1 c. à c. de **sucre**
150 ml de **lait** chaud
4 c. à s. d'**eau** chaude
500 g de **farine
 semi-complète**
1 c. à c. de **sel**
½ c. à c. de **mélange d'épices** en poudre
½ c. à c. de **cannelle**
 en poudre
½ c. à c. de **noix de
 muscade** en poudre
50 g de **sucre en poudre**
50 g de **beurre** fondu
 et refroidi
1 **œuf** battu
125 g de **raisins de
 Corinthe**
40 g de **zeste d'agrumes**
 haché
75 g de **pâte brisée**
 du commerce

Glaçage
3 c. à s. de **sucre
 en poudre**
4 c. à s. de **lait et d'eau
 mélangés**

Dans une saladier, diluez la levure et 1 cuillerée à café de sucre dans l'eau et le lait chauds. Incorporez 125 g de farine et laissez reposer dans un endroit chaud 20 minutes. Mélangez la farine restante, le sel, les épices et le sucre en poudre dans un autre saladier.

Ajoutez le beurre et l'œuf au mélange à la levure, puis incorporez-y la farine aux épices et au sucre, les raisins secs et les zestes. Versez un peu d'eau si nécessaire.

Travaillez la pâte sur un plan de travail fariné. Laissez-la lever dans un sac en plastique huilé 1 h 30 jusqu'à ce qu'elle double de volume.

Formez 12 brioches rondes. Aplatissez-les et disposez-les sur une plaque farinée. Couvrez et laissez lever 20 à 30 minutes dans un endroit chaud. Étalez la pâte brisée et découpez 24 bandelettes de 8 cm de long.

Mouillez les bandelettes d'un seul côté. Déposez 2 bandelettes sur chaque brioche, face humide vers le bas, en forme de croix. Faites cuire 20 minutes au four préchauffé à 190 °C.

Préparez le glaçage en faisant dissoudre le sucre à feu doux dans une casserole avec le lait et l'eau. Glacez les brioches. Servez-les chaudes avec du beurre.

Brioches fruits secs gingembre Utilisez 125 g de mélange de fruits secs et remplacez les raisins secs et les zestes par 2 cuillerées à soupe de gingembre confit haché. Glacez les brioches.

churros

Pour **12 churros**
Préparation **20 minutes**
Cuisson **6 à 9 minutes**

200 g de **farine**
¼ de c. à c. de **sel**
5 c. à s. de **sucre
en poudre**
275 ml d'**eau**
1 **œuf** battu
1 **jaune d'œuf**
1 c. à c. d'**extrait de vanille**
1 l d'**huile de tournesol**
1 c. à c. de **cannelle**
en poudre

Mélangez la farine, le sel et 1 cuillerée à café de sucre dans un grand bol. Portez l'eau à ébullition dans une casserole. Retirez du feu et ajoutez-y le mélange de farine en battant bien. Remettez la casserole sur le feu et mélangez jusqu'à la formation d'une boule souple qui se décolle de la casserole. Retirez la casserole du feu et laissez la pâte refroidir 10 minutes.

Incorporez à la pâte l'œuf, le jaune d'œuf, la vanille, et travaillez-la jusqu'à ce qu'elle soit lisse. À l'aide d'une cuillère, introduisez le mélange dans une grande poche à douille lisse de 1 cm de diamètre.

Faites chauffer 2,5 cm d'épaisseur d'huile dans une poêle à 170 °C en vérifiant la température à l'aide d'un thermomètre à sucre. Avec la poche à douille, formez des churros en forme d'anneaux, de « S » ou de petites vagues et coupez la pâte avec des ciseaux. Faites tomber les churros dans l'huile. Faites-les cuire par petites portions, 2 à 3 minutes, jusqu'à ce qu'ils flottent et qu'ils soient bien dorés. Retournez-les si nécessaire pour qu'ils aient une couleur homogène.

Retirez les churros de l'huile, laissez-les égoutter sur du papier absorbant et saupoudrez le dessus du reste de sucre mélangé à la cannelle. Répétez l'opération jusqu'à épuisement de la pâte. Servez chaud ou froid. Il vaut mieux les manger le jour même.

Churros à l'orange Ajoutez le zeste de 1 orange et n'utilisez pas d'extrait de vanille. Quand les churros sont cuits, saupoudrez-les de sucre en poudre.

cupcakes au gingembre

Pour **12 cupcakes**
Préparation **30 minutes**
+ pose du glaçage
Cuisson **10 à 15 minutes**

125 g de **beurre**
125 ml de **sirop d'érable**
125 g de **sucre muscovado**
225 g de **farine à levure incorporée**
1 c. à c. de **levure chimique**
1 c. à c. de **gingembre** moulu
2 **œufs**
125 ml de **lait**
3 c. à s. de **gingembre** confit haché + un peu pour décorer

Glaçage
200 g de **sucre glace**
5 à 6 c. à c. d'**eau**
2 morceaux de **gingembre** confit effilé

Mettez le beurre, le sirop d'érable et le sucre dans une casserole, puis faites-la chauffer doucement en mélangeant bien jusqu'à ce que le beurre soit fondu. Mélangez la farine, la levure et le gingembre moulu dans un grand bol. Battez les œufs et le lait dans un autre bol.

Retirez la casserole du feu et ajoutez le beurre fondu au mélange de farine en battant bien. Incorporez progressivement le mélange d'œufs et de lait, puis ajoutez le gingembre confit.

Répartissez la préparation en 12 portions égales dans des petits moules en papier disposés dans les alvéoles d'un grand moule à muffins. Faites cuire 10 à 15 minutes au four préchauffé à 180 °C. Laissez refroidir.

Pour le glaçage, versez le sucre glace dans un bol et incorporez l'eau afin d'obtenir un glaçage lisse et fondant. Dessinez des lignes de glaçage sur les muffins et décorez-les de lamelles de gingembre confit. Laissez durcir 30 minutes avant de servir.

Muffins à l'orange et à la cannelle À la place de 1 cuillerée à café de gingembre et de gingembre confit, utilisez 1 cuillerée à café de cannelle moulue et le zeste de ½ orange. Préparez le glaçage en remplaçant l'eau par 4 à 5 cuillerées à café de jus d'orange et décorez avec un peu de zeste d'orange.

petits sablés viennois à la confiture

Pour **8 sablés**
Préparation **20 minutes**
Cuisson **15 minutes**

100 g de **beurre**
   à température ambiante
50 g de **sucre glace**
2 **jaunes d'œufs**
½ c. à c. d'**extrait**
   de vanille
125 g de **farine à levure**
   incorporée
25 g de **Maïzena**
8 **framboises** surgelées
1 c. à s. de **confiture de**
   fraises ou de **confiture**
   de framboises
sucre glace tamisé pour
   saupoudrer

Dans un bol, battez le beurre et le sucre glace jusqu'à obtention d'une pâte crémeuse de couleur claire. Incorporez petit à petit les jaunes d'œufs et la vanille, puis la farine et la Maïzena.

À l'aide d'une cuillère, introduisez le mélange dans une grande poche à pâtisserie en nylon munie d'une grande douille en forme d'étoile. Avec la poche, superposez deux couches de pâte le long des bords de 8 petites caissettes en papier disposées dans les alvéoles d'un moule à petits gâteaux. Enfoncez 1 framboise surgelée au centre de chaque sablé.

Faites cuire environ 15 minutes au four préchauffé à 180 °C jusqu'à ce que les sablés soient légèrement dorés. Laissez refroidir dans les moules. À l'aide d'une cuillère à café, ajoutez un peu de confiture au centre de chaque sablé et saupoudrez d'une fine couche de sucre glace tamisé. Dressez sur un plat. Ces sablés sont meilleurs le jour même.

Jumblies Avec la poche à pâtisserie, confectionnez des sablés en forme de « S » et déposez-les sur une plaque graissée. Décorez-les de vermicelles en sucre ou de gros grains de sucre et laissez cuire 6 à 8 minutes jusqu'à ce qu'ils soient légèrement dorés.

muffins à la myrtille et au citron

Pour **12 muffins**
Préparation **15 minutes**
Cuisson **18 à 20 minutes**

175 g de **farine de malt**
   ou de farine aux graines
125 g de **farine blanche**
3 c. à c. de **levure chimique**
125 g de **sucre muscovado**
200 g de **myrtilles**
le **zeste** et le **jus** de 1 **citron**
4 c. à s. d'**huile d'olive**
   ou de tournesol
50 g de **margarine**
   ou de beurre fondu
3 **œufs** battus
150 ml de **lait** demi-écrémé

Glaçage au citron
125 g de **sucre glace**
le **jus** de ½ **citron**

Mélangez les farines, la levure, le sucre et les myrtilles dans un saladier. Mettez les autres ingrédients dans un grand bol et mélangez-les à l'aide d'une fourchette, puis ajoutez-les au saladier et travaillez quelques instants.

Formez 12 portions égales de pâte et répartissez-les dans 12 petites caissettes en papier disposées dans les alvéoles d'un grand moule à muffins. Faites cuire les muffins 18 à 20 minutes au four préchauffé à 190 °C, jusqu'à ce qu'ils soient gonflés et craquelés sur le dessus. Laissez refroidir 15 minutes dans les moules.

Préparez le glaçage en versant le sucre glace dans un bol et en incorporant progressivement suffisamment de jus de citron pour que le glaçage soit fondant. Démoulez les muffins et dessinez des lignes de glaçage dessus à l'aide d'une cuillère. Laissez le glaçage durcir quelques instants et servez les muffins lorsqu'ils sont encore chauds.

Muffins aux fruits rouges À la place des myrtilles, utilisez un mélange de fruits rouges, par exemple des framboises et du cassis. Pour le glaçage, suivez les instructions de la recette.

mini cakes au cappuccino

Pour **12 mini cakes**
Préparation **30 minutes**
Cuisson **12 à 14 minutes**

3 c. à c. de **café instantané**
2 c. à c. d'**eau bouillante**
175 g de **margarine** ramollie
175 g de **sucre muscovado**
175 g de **farine à levure
incorporée**
½ c. à c. de **levure
chimique**
3 **œufs**

Décoration
300 ml de **crème fraîche
épaisse**
75 g de **copeaux
de chocolat** noir ou blanc

Faites dissoudre le café dans l'eau bouillante.

Dans un saladier ou dans le bol d'un robot multifonction, mixez les autres ingrédients jusqu'à obtention d'une pâte lisse. Incorporez le café. Graissez les alvéoles d'un grand moule à muffins et chemisez leurs fonds de papier sulfurisé. Divisez la préparation en 12 portions égales et répartissez-les dans les alvéoles. Lissez la surface de la pâte.

Faites cuire 12 à 14 minutes au four préchauffé à 180 °C jusqu'à ce que les cakes soient bien gonflés et qu'ils retombent lorsque vous appuyez doucement dessus du bout d'un doigt. Laissez refroidir 5 minutes dans le moule, puis décollez les bords et démoulez les cakes sur une grille. Retirez le papier sulfurisé.

Posez les cakes dans le bon sens et coupez-les en deux horizontalement. Fouettez la crème jusqu'à ce qu'elle forme des petits pics. Avec la crème, collez ensuite les deux moitiés des cakes. Décorez le dessus de chaque cake de crème et de copeaux de chocolat. Les cakes sont meilleurs le jour même.

Victoria cakes Remplacez le café par 1 cuillerée à café d'extrait de vanille. Collez les moitiés de cakes avec une couche de confiture de fraises mélangée à 150 ml de crème fraîche épaisse fouettée. Pour décorer, saupoudrez les cakes de sucre glace tamisé.

lamingtons

Pour **24 lamingtons**
Préparation **20 minutes**
 + une nuit de repos
Cuisson **25 à 30 minutes**

125 g de **beurre doux**
 à température ambiante
125 g de **sucre en poudre**
2 **œufs** légèrement battus
250 g de **farine à levure
 incorporée**
1 pincée de **sel**
4 c. à s. de **lait**
1 c. à c. d'**extrait de vanille**

Glaçage
400 g de **sucre glace**
100 g de **cacao en poudre**
150 à 175 ml d'**eau
 bouillante**
200 g de **noix de coco**
 séchée

Mélangez le beurre et le sucre dans un saladier. Ajoutez les œufs en mélangeant bien afin d'obtenir une pâte homogène. Tamisez la farine et le sel et incorporez-les à la préparation, puis ajoutez le lait et la vanille. Vous pouvez aussi utiliser un robot.

Versez le mélange dans un moule de 18 x 25 cm huilé et chemisé de papier sulfurisé. Lissez la surface de la pâte et faites cuire 25 à 30 minutes au four préchauffé à 190 °C. Laissez refroidir 5 minutes dans le moule, puis démoulez sur une grille. Retirez le papier. Laissez reposer toute la nuit.

Préparez le glaçage. Tamisez le sucre glace et le cacao en poudre dans un bol. Faites un puits au centre et versez l'eau bouillante en mélangeant jusqu'à obtention d'un glaçage lisse et liquide.

Découpez le gâteau en 24 parts. Faites tremper chaque part dans le glaçage puis, saupoudrez de noix de coco en recouvrant entièrement. Laissez durcir sur du papier sulfurisé.

Lamingtons fourrés à la framboise Lorsque le gâteau est froid, coupez-le en deux dans le sens de la longueur et collez les deux moitiés avec 6 cuillerées à soupe de confiture de framboises. Tamisez 200 g de sucre glace dans un bol et incorporez 5 à 6 cuillerées à café d'eau froide afin d'obtenir un glaçage facile à tartiner. Tartinez le glaçage sur le gâteau et saupoudrez de gros grains de sucre. Laissez durcir 30 minutes, puis découpez en 24 parts.

chunky chocolate muffins

Pour **12 muffins**
Préparation **20 minutes**
Cuisson **18 à 20 minutes**

275 g de **farine**
25 g de **cacao en poudre**
3 c. à c. de **levure chimique**
150 g de **sucre en poudre**
75 g de **beurre** fondu
3 **œufs** battus
150 ml de **lait**
1 c. à c. d'**extrait de vanille**
200 g de **chocolat blanc**
  finement haché
100 g de **chocolat noir**
  à croquer ou de **chocolat
  au lait**, en morceaux

Tamisez la farine, le cacao et la levure dans un saladier. Versez le sucre et mélangez.

Ajoutez le beurre, les œufs, le lait et la vanille et mélangez à l'aide d'une fourchette jusqu'à ce que le mélange soit presque homogène. Incorporez le chocolat blanc haché.

À l'aide d'une cuillère, garnissez 12 petits moules en papier disposés dans les alvéoles d'un grand moule à muffins et faites cuire 18 à 20 minutes au four préchauffé à 200 °C. Laissez refroidir 5 minutes dans le moule, puis disposez sur une grille.

Faites fondre le chocolat noir ou au lait dans un bol résistant à la chaleur posé sur une casserole d'eau frémissante, puis dessinez des lignes de chocolat sur chaque muffin.

Servez les muffins chauds ou froids. Ils sont meilleurs le jour même.

Muffins au chocolat blanc et aux canneberges
Faites tremper 40 g de canneberges séchées dans 2 cuillerées à soupe d'eau bouillante 10 minutes. Remplacez le mélange de farine et de cacao par 300 g de farine blanche. Suivez la recette en ajoutant les canneberges égouttées en même temps que le chocolat blanc haché. Et au lieu de préparer de la sauce au chocolat, saupoudrez simplement les muffins d'un peu de sucre glace tamisé.

pancakes banane raisins de Smyrne

Pour **10 pancakes**
Préparation **10 minutes**
Cuisson **8 minutes**

125 g de **farine à levure incorporée**
2 c. à s. de **sucre en poudre**
½ c. à c. de **levure chimique**
1 petite **banane** bien mûre (environ 125 g avec la peau), épluchée et grossièrement écrasée
1 **œuf** battu
150 ml de **lait**
50 g de **raisins de Smyrne**
huile pour graisser
beurre, miel liquide, sirop d'érable ou **sirop de sucre roux** pour servir

Mettez la farine, le sucre et la levure dans un saladier. Ajoutez la banane écrasée et l'œuf. Progressivement, incorporez le lait en battant le mélange avec une fourchette jusqu'à obtention d'une pâte à crêpe lisse et épaisse. Ajoutez les raisins de Smyrne.

Versez un peu d'huile sur une feuille de papier absorbant plié en plusieurs épaisseurs, puis graissez la plaque d'un gril ou une poêle à frire épaisse à revêtement antiadhésif. Faites chauffer la poêle, puis laissez-y tomber des grosses cuillerées à café de pâte en les espaçant bien. Laissez cuire les pancakes 2 minutes jusqu'à ce que des bulles se forment sur le dessus et que le dessous soit doré. Retournez les pancakes et laissez-les cuire encore 1 à 2 minutes.

Servez les pancakes chauds, avec du beurre, du miel, du sirop d'érable ou du sirop de sucre roux. Ils sont meilleurs mangés le jour même.

Pancakes aux fruits rouges Suivez la recette en remplaçant les raisins de Smyrne par un mélange de 125 g de myrtilles et de framboises fraîches.

muffins épicés poire canneberges

Pour **12 muffins**
Préparation **20 minutes**
Cuisson **15 à 18 minutes**

40 g de **canneberges**
séchées
2 c. à s. d'**eau bouillante**
3 petites **poires** bien mûres
300 g de **farine**
3 c. à c. de **levure chimique**
1 c. à c. de **cannelle**
moulue
½ c. à c. de **noix de**
muscade en poudre
125 g de **sucre en poudre**
+ un peu de sucre pour
décorer
50 g de **beurre** fondu
3 c. à s. d'**huile d'olive**
3 **œufs**
150 g de **yaourt** nature
allégé

Laissez tremper les canneberges 10 minutes dans l'eau bouillante. Pendant ce temps, coupez les poires en quartiers, ôtez le cœur, épluchez-les et taillez-les en dés.

Versez la farine, la levure, les épices et le sucre dans un saladier. Dans un bol, mélangez le beurre fondu, l'huile d'olive, les œufs et le yaourt à l'aide d'une fourchette, puis incorporez ce mélange aux ingrédients secs.

Ajoutez les canneberges égouttées et les poires dans le saladier et mélangez. À l'aide d'une cuillère, répartissez le mélange dans 12 petites caissettes en papier disposées dans les alvéoles d'un grand moule à muffins et saupoudrez de sucre en poudre.

Faites cuire les muffins 15 à 18 minutes au four préchauffé à 200 °C. Laissez-les refroidir 5 minutes dans le moule, puis déposez-les sur une grille. Servez chaud ou froid. Les muffins sont meilleurs si vous les dégustez le jour même.

Muffins aux myrtilles et aux canneberges À la place de la poire et des épices, utilisez 125 g de myrtilles fraîches et le zeste de 1 citron que vous incorporerez au saladier au même moment que les canneberges.

sablés à la fraise et à la lavande

Pour **8 sablés**
Préparation **30 minutes**
Cuisson **10 à 12 minutes**

150 g de **farine de blé**
25 g de **farine de riz**
125 g de **beurre** coupé
en dés
50 g de **sucre en poudre**
1 c. à s. de **pétales
de lavande**

Décoration
250 g de **fraises**
(ou de mélange de fraises
et de framboises)
150 ml de **crème fraîche
épaisse**
16 petites **fleurs de lavande**
(facultatif)
sucre glace tamisé

Mettez les deux farines dans un saladier ou dans le bol d'un robot. Ajoutez le beurre et travaillez du bout des doigts, ou mixez jusqu'à obtention de sable.

Incorporez le sucre et les pétales de lavande. Façonnez une grosse boule lisse. Travaillez délicatement, puis étalez sur un plan de travail fariné sur 5 mm d'épaisseur. À l'aide d'un emporte-pièce rond cannelé, découpez des disques de 7,5 cm de diamètre. Déposez-les sur une plaque non graissée. Retravaillez la pâte restante et découpez au total 16 disques.

Piquez-les à l'aide d'une fourchette, puis faites-les cuire 10 à 12 minutes au four préchauffé à 160 °C. Laissez refroidir sur la plaque.

Pour servir, coupez en deux les 4 plus petites fraises, équeutez les autres et coupez-les en tranches. Fouettez la crème et garnissez-en le dessus de 8 sablés. Posez les tranches de fraises sur la crème, puis coiffez le tout d'un autre sablé. Ajoutez le reste de la crème sur les sablés et décorez avec ½ fraise et des fleurs de lavande. Saupoudrez de sucre glace. Les sablés garnis de crème sont meilleurs le jour même, mais les sablés nature peuvent se conserver 3 jours dans une boîte hermétique.

Sablés au citron et aux myrtilles Suivez la recette, mais remplacez les fleurs de lavande par le zeste de 1 citron. Garnissez les sablés de crème fouettée et de 150 g de myrtilles fraîches.

muffins abricot tournesol

Pour **12 muffins**
Préparation **20 minutes**
Cuisson **15 à 18 minutes**

300 g de **farine complète
à levure incorporée**
1 c. à c. de **levure chimique**
150 g de **sucre muscovado**
le **zeste** de 1 **orange**
3 **œufs**
200 ml de **crème fraîche
entière**
225 g d'**abricots en boîte**
dans leur jus, égouttés
et grossièrement hachés,
réservez le jus
3 c. à s. de **graines
de tournesol**

Mélangez la farine, la levure, le sucre et le zeste
d'orange dans un saladier.

Battez les œufs dans un grand bol, puis incorporez
la crème fraîche. Incorporez ce mélange et les
abricots dans le saladier à l'aide d'une fourchette.
Ajoutez 2 à 3 cuillerées à soupe de jus d'abricot
pour obtenir une consistance onctueuse.

À l'aide d'une cuillère, répartissez cette préparation
dans 12 caissettes en papier disposées dans les
alvéoles d'un grand moule à muffins et décorez avec
les graines de tournesol. Faites cuire 15 à 18 minutes
au four préchauffé à 200 °C jusqu'à ce que les muffins
soient bien gonflés et craquelés sur le dessus.
Laissez refroidir 5 minutes dans le moule, puis déposez
sur une grille. Servez chaud ou froid. Les muffins
sont meilleurs si vous les dégustez le jour même.

Muffins à la pêche et à l'orange À la place des
abricots en boîte et du jus d'abricot, utilisez 1 grosse
pêche fraîche coupée en dés, le zeste de 1 orange
et 2 à 3 cuillerées à soupe de jus d'orange.

meringues banane caramel

Pour **8 meringues**
Préparation **30 minutes**
Cuisson **1 heure à 1 h 15**

3 **blancs d'œufs**
100 g de **sucre muscovado**
75 g de **sucre en poudre**

Décoration
1 petite **banane** bien mûre
1 c. à s. de **jus de citron**
150 ml de **crème fraîche
  épaisse**
8 c. à s. de **sauce
  au caramel** du commerce

Montez les blancs en neige dans un saladier. Incorporez progressivement les deux sucres, 1 cuillerée à café à la fois, sans cesser de mélanger avec le fouet. Fouettez quelques minutes jusqu'à obtention d'un mélange épais et brillant.

Prélevez de grosses cuillerées à soupe de ce mélange et, à l'aide d'une autre cuillère, faites-les tomber sur une plaque chemisée de papier sulfurisé pour former des meringue ovales.

Faites cuire 1 heure à 1 h 15 au four préchauffé à 110 °C. Laissez refroidir sur le papier.

Pour servir, écrasez la banane avec le jus de citron. Fouettez la crème jusqu'à ce qu'elle forme des pics, puis incorporez 2 cuillerées à soupe de sauce au caramel. Mélangez le tout à la banane écrasée et collez les meringues deux par deux avec ce mélange. Disposez les meringues dans des petits moules en papier. Décorez avec le restant de la sauce au caramel et servez immédiatement. Nature, les meringues se conservent jusqu'à 3 jours dans une boîte hermétique.

Meringues café caramel Confectionnez les meringues comme indiqué ci-dessus. Pour la garniture, battez la crème, puis incorporez 1 à 2 cuillerées à café de café instantané dissous dans 1 cuillerée à café d'eau bouillante. Avec ce mélange, collez les meringues deux par deux. Décorez le dessus des meringues de sauce au caramel.

cakes aux noisettes et aux myrtilles

Pour **12 cakes**
Préparation **20 minutes**
Cuisson **20 minutes**

3 œufs
150 ml de **crème fraîche**
  allégée
150 g de **sucre en poudre**
50 g de **noisettes**
  en poudre
175 g de **farine**
1 ½ c. à c. de **levure**
  chimique
125 g de **myrtilles** fraîches
15 g de **noisettes**
  grossièrement hachées
sucre glace tamisé

Mettez les œufs, la crème et le sucre dans un saladier et fouettez jusqu'à obtention d'un mélange lisse. Ajoutez les noisettes en poudre, la farine et la levure puis mélangez.

À l'aide d'une cuillère, répartissez le mélange dans 12 caissettes en papier disposées dans les alvéoles d'un grand moule à muffins et répartissez les myrtilles sur les cakes en les enfonçant légèrement dans la pâte. Saupoudrez avec les noisettes hachées.

Faites cuire environ 20 minutes au four préchauffé à 180 °C jusqu'à ce que les cakes soient gonflés et dorés. Saupoudrez le dessus des cakes avec un peu de sucre glace tamisé et laissez refroidir dans le moule. Les cakes sont meilleurs si vous les dégustez le jour même.

Cakes aux amandes et aux framboises

Réalisez la recette en remplaçant les noisettes en poudre et les myrtilles par 50 g d'amandes en poudre et des framboises. Saupoudrez le dessus des cakes avec 15 g d'amandes effilées et faites cuire comme indiqué ci-dessus.

cupcakes au citron

Pour **12 gâteaux**
Préparation **25 minutes**
Cuisson **15 à 18 minutes**

125 g de **margarine** ramollie
125 g de **sucre en poudre**
2 **œufs** battus
125 g de **farine à levure
incorporée**
le **zeste** et le **jus** de 1 citron
175 g de **sucre glace**
tamisé
colorant alimentaire jaune
ou rose
petites fleurs en sucre
pour décorer

Battez la margarine, le sucre, les œufs, la farine et le zeste de citron dans un saladier ou au robot jusqu'à obtention d'un mélange lisse.

Répartissez le mélange dans 12 caissettes en aluminium disposés dans les alvéoles d'un grand moule à muffins et lissez la surface. Faites cuire 15 à 18 minutes au four préchauffé à 180 °C. Laissez refroidir dans le moule.

Mélangez le sucre glace et 4 à 5 cuillerées à café de jus de citron afin d'obtenir un glaçage lisse et épais. Si nécessaire, taillez le dessus des gâteaux afin qu'ils soient plats. Garnissez la moitié des gâteaux avec la moitié du glaçage en l'étalant à l'aide d'un couteau à beurre mouillé.

Colorez le glaçage restant en jaune clair ou en rose et étalez-le sur les autres cakes. Décorez ceux-ci avec des fleurs en sucre. Laissez durcir 30 minutes. Vous pouvez conserver les muffins jusqu'à 3 jours dans une boîte hermétique.

Mini gâteaux d'anniversaire À la place du zeste de citron, ajoutez 1 cuillerée à café d'extrait de vanille à la pâte à gâteau. Remplacez également le jus de citron du glaçage par de l'eau et colorez une moitié du glaçage en rose clair, l'autre en bleu ciel. À l'aide d'une cuillère, nappez les gâteaux de glaçage et ajoutez au centre de chaque gâteau une petite bougie sur son bougeoir. Décorez avec des petites sucreries.

scones à la mélasse

Pour **14 scones**
Préparation **15 minutes**
Cuisson **6 à 8 minutes**

400 g de **farine à pain
au malt** + un peu pour
saupoudrer
50 g de **beurre** coupé
en dés
50 g de **sucre muscovado**
3 c. à c. de **levure chimique**
1 c. à c. de **bicarbonate
de soude**
8 c. à s. de **yaourt** nature
allégé
2 c. à s. de **mélasse** noire
1 **œuf** battu

Pour servir
500 ml de **crème fraîche**
en brique
375 g de **confiture
de fraises**

Mettez la farine dans un saladier ou dans le bol d'un robot. Ajoutez le beurre et travaillez du bout des doigts ou mixez jusqu'à obtention de sable. Incorporez le sucre et la levure.

Mélangez le bicarbonate de soude au yaourt, puis ajoutez ce mélange et la mélasse noire au mélange précédent. Incorporez une quantité suffisante d'œuf battu pour obtenir une pâte souple qui ne colle pas. Travaillez délicatement, puis abaissez au rouleau sur un plan de travail fariné sur 2 cm d'épaisseur.

Rapidement, à l'aide d'un emporte-pièce à bords lisses, découpez des disques de 5,5 cm de diamètre, puis déposez-les sur une plaque graissée. Retravaillez les restes de pâte et répétez l'opération jusqu'à épuisement de la pâte. Déposez tous les disques sur la plaque et saupoudrez les scones avec la farine prévue à cet effet ou laissez-les nature si vous préférez.

Faites cuire 6 à 8 minutes au four préchauffé à 220 °C jusqu'à ce que les scones soient gonflés et dorés. Déposez les scones dans une corbeille recouverte d'une serviette et servez-les chauds ou froids, accompagnés de crème fraîche et de confiture. Les scones sont meilleurs servis le jour même.

Scones aux dattes et aux noix Suivez la recette en ajoutant dans la pâte 100 g de dattes séchées hachées toutes prêtes et 40 g de noix hachées juste avant d'incorporer la mélasse.

cupcakes au moka

Pour **12 cupcakes**
Préparation **15 minutes**
+ refroidissement
Cuisson **20 minutes**

250 ml d'**eau**
250 g de **sucre en poudre**
125 g de **beurre doux**
2 c. à s. de **cacao**
en poudre tamisé
½ c. à c. de **bicarbonate
de soude**
2 c. à s. de **café instantané**
225 g de **farine à levure
incorporée**
2 **œufs** légèrement battus
12 **grains de café** enrobés
de chocolat pour décorer

Glaçage
150 g de **chocolat noir**
à croquer en morceaux
150 g de **beurre doux**
coupé en dés
2 c. à s. de **golden syrup**

Faites chauffer l'eau et le sucre dans une casserole à feu doux en remuant bien jusqu'à dissolution complète du sucre. Incorporez le beurre, le cacao en poudre, le bicarbonate de soude et le café instantané, puis portez à ébullition. Laissez mijoter 5 minutes, puis retirez du feu et laissez refroidir.

Incorporez la farine et les œufs au mélange refroidi de café et de chocolat puis lissez le mélange. Répartissez la pâte dans 12 caissettes en aluminium disposées dans les alvéoles d'un grand moule à muffins. Mettez 20 minutes au four préchauffé à 180 °C jusqu'à ce que les gâteaux soient gonflés et fermes. Déposez les gâteaux sur une grille et laissez refroidir.

Préparez le glaçage. Mettez le chocolat, le beurre et le sirop dans un bol résistant à la chaleur posé sur une casserole d'eau frémissante et mélangez jusqu'à ce que les ingrédients soient fondus. Retirez du feu et laissez refroidir à température ambiante, puis réfrigérez jusqu'à ce que le glaçage soit épais. Étalez glaçage sur les gâteaux, coiffez d'un grain de café au chocolat et laissez durcir.

Petits gâteaux au chocolat Il suffit de ne pas utiliser de café instantané ni de grains de café, et de garnir le glaçage avec des copeaux de chocolat ou avec du chocolat noir râpé.

cakes framboise noix de coco

Pour **9 cakes**
Préparation **10 minutes**
Cuisson **18 à 20 minutes**

75 g de **farine**
200 g de **sucre glace**
125 g d'**amandes
en poudre**
50 g de **noix de coco** râpée
le **zeste** de 1 **citron**
5 **blancs d'œufs**
175 g de **beurre doux**
fondu
125 g de **framboises**

Tamisez la farine et le sucre glace dans un saladier et ajoutez les amandes en poudre, la noix de coco et le zeste de citron.

Montez les blancs en neige dans un saladier propre, puis ajoutez-les aux ingrédients secs. Incorporez le beurre fondu et mélangez jusqu'à ce que la préparation soit homogène.

À l'aide d'une cuillère, répartissez le mélange dans 9 petits moules rectangulaires en métal légèrement huilés (ou dans un moule à cakes peu profond). Garnissez chaque cake de quelques framboises. Faites cuire 18 à 20 minutes au four préchauffé à 200 °C. Plantez un pic en métal au centre des cakes : il doit ressortir propre. Laissez refroidir 5 minutes dans les moules, puis démoulez sur une grille et laissez refroidir complètement.

Cakes aux abricots et aux pistaches Remplacez la noix de coco et les framboises par 50 g de pistaches décortiquées et 125 g d'abricots frais coupés en dés.

biscuits

cookies aux épices

Pour **12 cookies**
Préparation **15 minutes**
Cuisson **16 à 20 minutes**

100 g de **farine**
1 c. à c. de **levure chimique**
½ c. à c. de **bicarbonate de soude**
½ c. à c. de **cannelle** moulue
½ c. à c. de **gingembre** moulu
¼ de c. à c. de **mélange d'épices**
le **zeste** de 1 **citron** finement râpé
50 g de **beurre** coupé en dés
50 g de **sucre en poudre**
2 c. à s. de **golden syrup**

Mélangez la farine, la levure, le bicarbonate de soude, les épices et le zeste de citron dans un saladier. Ajoutez le beurre et travaillez le mélange du bout des doigts jusqu'à obtention de sable.

Incorporez le sucre. Ajoutez le sirop et mélangez à l'aide d'une cuillère, puis façonnez une boule avec vos mains.

Formez un gros boudin avec la pâte et coupez-le en 12 tranches. Façonnez une boule avec chaque tranche, puis disposez-les sur 2 grandes plaques graissées en les espaçant pour qu'elles puissent gonfler pendant la cuisson.

Mettez une plaque après l'autre 8 à 10 minutes au four préchauffé à 180 °C ou jusqu'à ce que les cookies soient dorés et craquelés.

Laissez les cookies durcir 1 à 2 minutes, puis décollez-les et laissez-les entièrement refroidir sur une grille. Les cookies se conservent jusqu'à 3 jours dans une boîte hermétique.

Cookies au gingembre Remplacez la cannelle moulue, le gingembre et le mélange d'épices par 1 cuillerée à café de gingembre moulu et ¼ de cuillerée à café de mélange d'épices en poudre.

petits biscuits de Pâques

Pour **18 cookies**
Préparation **20 minutes**
Cuisson **10 minutes**

250 g de **farine**
50 g de **Maïzena**
175 g de **beurre** coupé
en dés
100 g de **sucre en poudre**
quelques gouttes d'**extrait
de vanille**

Glaçage
1 **blanc d'œuf**
250 g de **sucre glace**
tamisé
1 c. à c. de **jus de citron**
différents **colorants
alimentaires** liquides
ou sous forme de pâte

Travaillez la farine et la Maïzena avec le beurre
dans un saladier ou dans le bol d'un robot jusqu'à
obtention de sable. Incorporez le sucre et l'extrait
de vanille, puis façonnez une boule lisse.

Travaillez un peu la pâte, puis abaissez-la sur un
plan de travail fariné sur une fine épaisseur. À l'aide
d'emporte-pièce fantaisie, découpez des figurines de
Pâques et déposez-les sur des plaques non graissées.

Piquez les figurines avec une fourchette, puis faites
cuire 10 minutes au four préchauffé à 180 °C.
Laissez refroidir sur la plaque.

Préparez le glaçage. Mettez le blanc d'œuf dans
un bol et incorporez le sucre glace et le jus de citron.
Ajoutez un peu d'eau si le glaçage est trop épais.
Répartissez-le dans 2 bols ou plus et colorez
chaque bol selon vos envies.

À l'aide d'une cuillère, introduisez le glaçage dans
des poches à douille en papier sulfurisé, coupez
un coin et coulez une ligne de glaçage en suivant
le contour des figurines. Laissez durcir 10 minutes.
Couvrez les figurines avec du glaçage de la même
couleur afin que la surface soit homogène et lisse.
Laissez sécher. Pour finir, dessinez les corps et les
visages des figurines avec du glaçage blanc.

Chiffres gourmands Étalez la pâte et découpez
des grands biscuits en forme de chiffres. Faites
cuire, nappez de différents glaçages de couleurs
vives et décorez de vermicelles de sucre.

florentins au chocolat

Pour **26 florentins**
Préparation **30 minutes**
Cuisson **15 à 20 minutes**

100 g de **beurre**
100 g de **sucre glace**
75 g de **cerises confites**
de couleurs variées,
grossièrement hachées
75 g d'**amandes** effilées
50 g d'**écorce d'orange**
et/ou de citron confite,
finement hachée
50 g de **noisettes**
grossièrement hachées
2 c. à s. de **farine**
150 g de **chocolat noir**
à croquer en morceaux

Faites fondre le beurre avec le sucre glace dans une casserole à feu doux. Retirez la casserole du feu et incorporez tous les autres ingrédients excepté le chocolat.

Faites tomber des cuillerées à soupe du mélange sur 3 plaques recouvertes de papier sulfurisé en les espaçant bien. Aplanissez un peu les florentins. Mettez les plaques l'une après l'autre 5 à 7 minutes au milieu du four préchauffé à 180 °C jusqu'à ce que les noisettes soient bien dorées.

Après avoir sorti toutes les plaques du four, placez sur les florentins un emporte-pièce à bords lisses légèrement plus grand que les biscuits et faites-le tourner en appuyant afin d'obtenir des biscuits bien ronds. Laissez refroidir.

Faites fondre le chocolat dans un bol résistant à la chaleur posé sur une casserole d'eau frémissante. Décollez les florentins du papier et posez-les à l'envers sur une grille. À l'aide d'une cuillère, étalez le chocolat fondu sur le côté lisse des florentins en formant une couche fine et régulière. Laissez refroidir et durcir.

Florentins au chocolat blanc et au gingembre

Ajoutez 2 cuillerées à soupe de gingembre confit haché tout prêt au mélange de fruits confits et de noisettes. Étalez du chocolat blanc sur les florentins à la place du chocolat noir.

bonshommes de neige au gingembre

Pour **12 biscuits**
Préparation **30 minutes**
Cuisson **7 à 8 minutes**

150 g de **farine**
50 g de **sucre en poudre**
1 c. à c. de **gingembre**
  moulu
100 g de **beurre** coupé
  en dés
24 **perles de sucre**
  argentées ou petites
  sucreries
50 g de **glaçage rose**
  du commerce à dérouler
50 g de **glaçage bleu**
  du commerce à dérouler
1 petit **tube de glaçage noir**
  pour écrire

Glaçage
125 g de **sucre glace**
1 pincée de **gingembre**
  moulu
5 c. à s. d'**eau**

Avec les mains ou au robot, travaillez la farine, le sucre et le gingembre avec le beurre jusqu'à obtention de sable.

Malaxez bien, puis façonnez une boule souple. Abaissez la pâte entre deux feuilles de papier sulfurisé.

À l'aide d'un emporte-pièce de 10 cm, découpez des bonshommes de neige dans la pâte, puis déposez-les sur des plaques non graissées. Faites cuire 7 à 8 minutes au four préchauffé à 180 °C. Laissez refroidir sur les plaques, puis déposez-les sur une grille.

Pour le glaçage, tamisez le sucre glace et le gingembre dans un bol. Incorporez l'eau. Nappez les biscuits et laissez-le couler le long des bords. Disposez les perles de sucre ou les petites sucreries pour faire des yeux, puis laissez sécher et durcir.

Décorez les bonshommes de neige d'une écharpe et d'un bonnet à pompon en glaçage à dérouler. Dessinez des sourires avec le glaçage noir. Laissez durcir 1 heure.

Frimousses au gingembre À l'aide d'un emporte-pièce rond, découpez des disques de 7 cm de diamètre et faites cuire les biscuits. Recouvrez-les entièrement de glaçage et utilisez des perles de sucre, des raisins, des dragées au chocolat ou d'autres petites sucreries pour représenter les yeux, les oreilles, le nez, la bouche et les cheveux, ou bien dessinez ces motifs avec des glaçages en tube.

coffee kisses

Pour **10 pièces**
Préparation **25 minutes**
  + réfrigération
Cuisson **8 à 10 minutes**

2 c. à c. de **café instantané**
1 c. à c. d'**eau bouillante**
75 g de **beurre**
  à température ambiante
50 de **sucre muscovado**
125 g de **farine à levure
  incorporée**

Garniture
2 c. à c. de **café instantané**
2 c. à c. d'**eau bouillante**
50 g de **beurre**
  à température ambiante
100 g de **sucre glace**
  tamisé

Faites dissoudre le café dans l'eau bouillante. Battez le beurre et le sucre dans un saladier. Ajoutez le café dissous, puis incorporez progressivement la farine afin d'obtenir une pâte souple et lisse.

Façonnez la pâte en forme de gros boudin et réfrigérez 15 minutes. Coupez le boudin en 20 tranches et formez une boule avec chaque tranche. Disposez les boules sur 2 plaques graissées et aplatissez-les légèrement avec une fourchette. Faites cuire 8 à 10 minutes au four préchauffé à 180 °C. Laissez refroidir 5 minutes, puis déposez sur une grille et laissez refroidir complètement.

Préparez la garniture. Faites dissoudre le café dans l'eau bouillante. Battez le beurre avec le sucre glace, puis ajoutez au café et mélangez afin d'obtenir une préparation légère et lisse. Utilisez cette garniture pour coller les biscuits deux par deux. Ces biscuits doivent être mangés dans les 2 jours.

Biscuits au chocolat Pour confectionner la pâte, utilisez 15 g de cacao en poudre à la place du café. Façonnez ensuite les biscuits en suivant la recette, puis, pour la garniture, remplacez le café par 50 g de chocolat.

palets au sirop d'érable

Pour **40 palets**
Préparation **20 minutes**
  + repos
Cuisson **12 à 15 minutes**

6 c. à s. de **sirop d'érable**
50 g de **sucre en poudre**
1 c. à c. de **bicarbonate
  de soude**
1 **jaune d'œuf**
100 g de **beurre** fondu
150 g de **farine**
¼ de c. à c. de **cannelle**
  moulue
75 g de **chocolat noir**
  à croquer en morceaux
75 g de **chocolat blanc**
  en morceaux

Incorporez le sirop d'érable, le sucre en poudre, le bicarbonate de soude et le jaune d'œuf au beurre fondu, puis ajoutez la farine et la cannelle. Battez ce mélange afin d'obtenir une crème homogène.

Laissez tomber des cuillerées à café du mélange sur des plaques chemisées de papier sulfurisé en les espaçant bien. Mettez les biscuits 4 à 5 minutes au four préchauffé à 190 °C. Sortez-les du four, laissez durcir 1 à 2 minutes, puis décollez-les et disposez-les sur une grille.

Faites fondre séparément les deux chocolats dans deux bols résistants à la chaleur posés sur deux casseroles d'eau frémissante.

Tenez un biscuit au-dessus d'un bol et nappez la moitié du palet d'un peu de chocolat à l'aide d'une cuillère, puis étalez-le avec le dos de la cuillère. Reposez le palet sur la grille. Nappez ainsi la moitié des palets avec du chocolat noir, l'autre moitié avec du chocolat blanc. Laissez refroidir 30 minutes dans un endroit frais jusqu'à ce que le chocolat ait pris. Vous pouvez conserver ces biscuits jusqu'à 2 jours dans un récipient hermétique en les séparant avec du papier sulfurisé.

Biscuits au miel Remplacez le sirop d'érable et la cannelle moulue par du miel et du gingembre moulu. Juste avant d'enfourner les palets, saupoudrez-les de sucre roux. N'utilisez pas de nappage au chocolat.

amandines

Pour **14 amandines**
Préparation **25 minutes**
Cuisson **15 minutes**

175 g de **farine**
50 g d'**amandes en poudre**
50 g de **sucre en poudre**
quelques gouttes d'**extrait
d'amande**
150 g de **beurre** coupé
en dés

Décoration
25 g d'**amandes** émondées,
coupées en deux
2 **cerises confites** en petits
morceaux
sucre en poudre

Mettez la farine, les amandes en poudre, le sucre et l'extrait d'amande dans un saladier ou dans le bol d'un robot. Ajoutez le beurre et travaillez du bout des doigts, ou mixez jusqu'à obtention de sable.

Façonnez une boule avec vos mains. Malaxez un peu la boule, puis étalez-la sur un plan de travail fariné sur 1 cm d'épaisseur. À l'aide d'un emporte-pièce rond à bords cannelés, découpez des disques de 6 cm de diamètre. Déposez les disques sur une plaque non graissée. Retravaillez les restes de pâte et répétez l'opération jusqu'à l'épuisement de la pâte.

Piquez les amandines avec une fourchette afin de dessiner une croix sur chacune d'elles, puis ajoutez les moitiés d'amandes entre les branches de la croix et posez un petit morceau de cerise confite au centre de chaque amandine. Saupoudrez les amandines de sucre en poudre et mettez-les environ 15 minutes au four préchauffé à 160 °C jusqu'à ce qu'elles soient légèrement dorées.

Décollez les amandines et laissez-les refroidir sur la plaque ou sur une grille si vous préférez.

Sablés à la fleur d'oranger Supprimez les amandes en poudre et n'utilisez que 125 g de beurre. Ajoutez 2 cuillerées à café d'eau de fleur d'oranger (plus ou moins selon vos envies). Faites cuire comme dans la recette, puis saupoudrez de sucre glace tamisé. Servez les sablés seuls ou en accompagnement de mousses aux fruits.

biscuits Linzer

Pour **16 biscuits**
Préparation **35 minutes**
Cuisson **16 minutes**

50 g de **noisettes**
225 g de **farine**
75 g de **sucre en poudre**
150 g de **beurre** coupé
en dés
le **zeste** de ½ **citron**
finement râpé
1 **jaune d'œuf**
4 c. à s. de **confiture**
de framboises
sucre glace tamisé
pour saupoudrer

Mixez les noisettes très finement dans un mixeur ou un moulin à café. Réservez-les.

Travaillez la farine et le sucre avec le beurre jusqu'à obtention de sable. Incorporez les noisettes moulues et le zeste de citron, puis le jaune d'œuf. Façonnez une boule de pâte ferme.

Travaillez un peu la moitié de la pâte, puis abaissez-la au rouleau sur un plan de travail fariné sur une épaisseur de 1 cm. À l'aide d'un emporte-pièce rond à bords lisses, découpez des disques de 5,5 cm de diamètre et déposez-les sur une plaque non graissée. Utilisez un petit emporte-pièce en forme de cœur ou d'étoile pour découper un motif de 2,5 cm au centre de la moitié des disques.

Mettez la première plaque de biscuits environ 8 minutes au four préchauffé à 160 °C. Répétez l'opération avec la pâte restante.

Laissez les biscuits refroidir 1 à 2 minutes, puis décollez-les et laissez-les refroidir sur une grille.

Répartissez la confiture sur les biscuits entiers et étalez-la en couche épaisse en laissant une marge au bord. Couvrez avec les biscuits percés d'un cœur ou d'une étoile et saupoudrez d'un peu de sucre glace tamisé. Laissez refroidir complètement avant de servir.

Biscuits orange abricot Remplacez le zeste de citron et la confiture de framboises par le zeste de ½ petite orange et de la confiture d'abricots.

décorations de Noël

Pour **20 pièces**
Préparation **35 minutes**
  + réfrigération
Cuisson **10 à 12 minutes**

125 g de **beurre**
  à température ambiante
125 g de **sucre en poudre**
2 **jaunes d'œufs**
1 c. à s. de **cacao**
  en poudre
1 c. à c. de **cannelle**
  moulue
175 g de **farine**

Glaçage
150 g de **sucre glace**
  tamisé
4 à 5 c. à c. de **blanc d'œuf**
  ou d'eau

Travaillez le beurre et le sucre dans un saladier. Incorporez les jaunes d'œufs, le cacao et la cannelle, puis la farine afin de former une pâte lisse et souple. Réfrigérez 15 minutes.

Abaissez la pâte au rouleau entre 2 feuilles de papier sulfurisé sur 5 mm d'épaisseur. À l'aide d'un emporte-pièce représentant des motifs de Noël, découpez des biscuits d'environ 7,5 cm de diamètre. Déposez-les sur des plaques graissées.

Réalisez un petit trou dans chaque biscuit, puis faites-les cuire 10 à 12 minutes au four préchauffé à 180 °C.

Mélangez le sucre glace et le blanc d'œuf ou l'eau afin d'obtenir un glaçage épais et lisse. À l'aide d'une cuillère, introduisez le glaçage dans une poche à douille en papier sulfurisé, coupez un coin et décorez les biscuits avec des lignes, des points et des entrelacs. Laissez durcir, puis faites passer un petit ruban dans le trou de chaque biscuit et accrochez ces décorations au sapin de Noël.

Cœurs épicés à l'orange Suivez la recette sans utiliser de cacao. Ajoutez 1 cuillerée à soupe de farine et le zeste de 1 petite orange. Remplacez la cannelle moulue par 1 cuillerée à café de mélange d'épices en poudre. Découpez des biscuits en forme de cœur, percez-les, faites-les cuire et décorez-les comme indiqué ci-dessus.

shortbread

Pour **16 biscuits**
Préparation **15 minutes**
 + réfrigération
Cuisson **18 à 20 minutes**

250 g de **beurre doux**
 à température ambiante
125 g de **sucre en poudre**
 + un peu pour saupoudrer
250 g de **farine**
125 g de **farine de riz**
1 pincée de **sel**

Mélangez le beurre et le sucre dans un saladier ou dans le bol d'un robot jusqu'à obtention d'un mélange mousseux. Tamisez la farine, la farine de riz et le sel dans le saladier ou dans le bol et mélangez jusqu'à ce que les ingrédients soient liés.

Déposez la pâte sur un plan de travail et malaxez-la un peu jusqu'à ce qu'elle soit souple. Façonnez-la en forme de disque, enveloppez-la dans du film alimentaire et réfrigérez-la 30 minutes.

Divisez la pâte en deux et étalez chaque moitié sur un plan de travail fariné afin d'obtenir 2 disques de 20 cm de diamètre. Déposez les disques sur 2 plaques non graissées. À l'aide d'un couteau aiguisé, tracez 8 parts égales sur la pâte, puis piquez-la avec une fourchette et formez avec vos doigts des petits crans sur les bords.

Saupoudrez d'un peu de sucre et mettez 18 à 20 minutes au four préchauffé à 190 °C jusqu'à ce que le shortbread soit doré. Sortez du four et, quand le shortbread est encore chaud, coupez-le en parts en suivant les marques que vous avez tracées. Laissez refroidir 5 minutes sur les plaques, puis déposez sur une grille et laissez refroidir complètement. Conservez dans une boîte hermétique.

Shortbread aux pistaches Remplacez simplement 50 g de la farine de riz par 50 g de pistaches décortiquées et très finement hachées.

cookies caramel cerises

Pour **18 cookies**
Préparation **15 minutes**
Cuisson **10 à 12 minutes**

75 g de **beurre**
à température ambiante
75 g de **sucre en poudre**
75 g de **sucre muscovado**
1 c. à c. d'**extrait de vanille**
1 **œuf**
175 g de **farine à levure
incorporée**
100 g de **caramel** fondant
enrobé de chocolat, haché
75 g de **cerises confites**,
grossièrement hachées

Mettez le beurre, les deux sucres et la vanille dans un saladier puis mélangez jusqu'à obtention d'un mélange mousseux. Incorporez l'œuf et la farine puis mélangez jusqu'à ce que la pâte soit lisse.

Incorporez le caramel et les cerises. À l'aide d'une cuillère, formez ensuite 18 petits tas de pâte sur 2 plaques chemisées de papier sulfurisé en espaçant suffisamment les cookies pour qu'ils puissent gonfler pendant la cuisson.

Mettez les cookies 10 à 12 minutes au four préchauffé à 180 °C jusqu'à ce qu'ils soient bien dorés. Laissez durcir 1 à 2 minutes, puis décollez et laissez refroidir complètement sur une grille. Les cookies sont meilleurs servis le jour même.

Cookies à la glace vanille Suivez la recette, puis collez les cookies deux par deux avec de la glace vanille. Servez immédiatement.

bretzels aux trois chocolats

Pour **40 bretzels**
Préparation **30 minutes**
+ levage et repos
Cuisson **6 à 8 minutes**

225 g de **farine blanche
à pain**
1 c. à c. de **levure sèche**
rapide
2 c. à c. de **sucre
en poudre**
1 grosse pincée de **sel**
15 g de **beurre** fondu
ou d'huile de tournesol
125 ml d'**eau chaude**
75 g de **chocolat noir**
en morceaux
75 g de **chocolat au lait**
en morceaux
75 g de **chocolat blanc**
en morceaux

Glaçage
2 c. à s. d'**eau**
½ c. à c. de **sel**

Mélangez la farine, la levure, le sucre et le sel dans un saladier. Ajoutez le beurre fondu ou l'huile et incorporez l'eau chaude jusqu'à obtention d'une pâte lisse. Travaillez la pâte 5 minutes sur un plan de travail.

Divisez la pâte en 4, puis chaque part en 10. Façonnez chaque morceau en forme de petit boudin d'environ 20 cm de long. Disposez le boudin en forme d'arc, prenez une extrémité du boudin et collez-la au milieu en formant une boucle. Faites de même avec l'autre extrémité.

Déposez les bretzels sur 2 grandes plaques graissées. Couvrez-les avec du film alimentaire huilé et laissez 30 minutes dans un endroit chaud jusqu'à ce que la pâte soit bien levée.

Préparez le glaçage. Mélangez l'eau et le sel dans un saladier jusqu'à dissolution complète du sel, puis, à l'aide d'un pinceau, glacez le dessus des bretzels. Faites-les cuire 6 à 8 minutes au four préchauffé à 200 °C jusqu'à ce qu'ils soient bien dorés. Laissez-les refroidir sur une grille.

Faites fondre les 3 chocolats séparément au bain-marie. Avec une cuillère, dessinez des lignes de chaque chocolat sur les bretzels. Laissez durcir.

Bretzels traditionnels À la sortie du four, glacez les bretzels avec un mélange de 2 cuillerées à café de sel dissous dans 2 cuillerées à soupe d'eau.

cookies aux trois chocolats

Pour **20 cookies**
Préparation **15 minutes**
Cuisson **8 à 10 minutes**

75 g de **beurre**
à température ambiante
175 g de **sucre muscovado**
1 **œuf**
150 g de **farine à levure
incorporée**
2 c. à s. de **cacao**
en poudre
100 g de **chocolat blanc**
haché
100 g de **chocolat au lait**
haché

Mélangez le beurre et le sucre dans un saladier jusqu'à obtention d'un mélange mousseux. Incorporez l'œuf, la farine et le cacao en poudre et mélangez jusqu'à ce que la préparation soit onctueuse.

Incorporez le chocolat haché. Avec une cuillère, déposez 20 petits tas de ce mélange sur 2 plaques graissées en les espaçant suffisamment pour qu'ils puissent gonfler pendant la cuisson.

Mettez les cookies 8 à 10 minutes au four préchauffé à 180 °C jusqu'à ce qu'ils soient légèrement bruns. Laissez-les durcir 1 à 2 minutes, décollez-les et déposez-les sur une grille pour qu'ils refroidissent complètement. Les cookies sont meilleurs si vous les dégustez le jour même.

Cookies chocolat vanille noisette Suivez la recette en supprimant le cacao en poudre et en utilisant 175 g de farine à levure incorporée au lieu de 150 g. Remplacez le chocolat au lait par 50 g de noisettes grossièrement hachées et 1 cuillerée à café d'extrait de vanille.

sablés à la crème de fleur de sureau

Pour **8 sablés**
Préparation **20 minutes**
Cuisson **10 à 15 minutes**

250 g de **farine à levure
incorporée**
2 c. à c. de **levure chimique**
75 g de **beurre doux** coupé
en dés
40 g de **sucre en poudre**
1 **œuf** légèrement battu
2 à 3 c. à s. de **lait**
15 g de **beurre** fondu
250 g de **fraises** équeutées
et coupées en lamelles
sucre glace

Crème de fleur de sureau
300 ml de **crème fraîche**
épaisse
2 c. à s. de **sirop de fleur
de sureau** ou d'eau-de-vie

Tamisez la farine et la levure dans un saladier
ou dans le bol d'un robot. Ajoutez le beurre et
travaillez le mélange du bout des doigts, ou mixez-
le jusqu'à ce qu'il ressemble à du sable. Incorporez
le sucre. Ajoutez l'œuf et le lait, et continuez
de mélanger jusqu'à obtention d'une pâte.

Abaissez la pâte au rouleau sur 1 cm d'épaisseur
sur un plan de travail fariné. Découpez 8 disques
de 7 cm de diamètre à l'aide d'un emporte-
pièce. Déposez-les sur une grande plaque
huilée et badigeonnez-les de beurre fondu.

Faites cuire les sablés 10 à 15 minutes au four
préchauffé à 200 °C jusqu'à ce qu'ils soient gonflés
et dorés. Sortez-les du four et laissez-les refroidir
sur une grille. Quand ils sont tièdes, coupez-les
en deux dans le sens de la longueur et laissez-
les reposer jusqu'à ce qu'ils soient froids.

Préparez la crème de fleur de sureau. Mettez la
crème et le sirop de fleur de sureau dans un saladier
et fouettez jusqu'à obtention d'un mélange ferme.
Étalez la crème sur une moitié de chaque gâteau et
recouvrez de lamelles de fraises, puis de la seconde
moitié. Saupoudrez de sucre glace avant de servir.

Sablés aux fruits rouges Fourrez les petits gâteaux
avec la même quantité de crème épaisse parfumée
avec 2 cuillerées à soupe de sucre glace, puis déposez
250 g de fraises, framboises, myrtilles et groseilles.

cookies chocolat piment

Pour **12 cookies**
Préparation **20 minutes**
Cuisson **16 à 20 minutes**

100 g de **farine**
1 c. à s. de **cacao**
en poudre
1 c. à c. de **levure chimique**
½ c. à c. de **bicarbonate
de soude**
½ c. à c. de **cannelle**
moulue
50 g de **sucre muscovado**
50 g de **beurre** coupé
en dés
¼ de c. à c. de **piment**
prédécoupé en bocal ou
de piment doux frais haché
2 c. à s. de **golden syrup**
100 g de **chocolat noir**
haché

Mettez tous les ingrédients secs dans un saladier ou dans le bol d'un robot. Ajoutez le beurre et le piment, et travaillez du bout des doigts ou mixez jusqu'à obtention de sable.

Versez le sirop et mélangez avec une cuillère, puis façonnez la pâte en boule avec les mains.

Incorporez le chocolat en malaxant, puis formez un boudin avec la pâte et coupez-le en 12 tranches. Roulez celles-ci en boule et disposez-les sur 2 grandes plaques graissées. Faites cuire une plaque à la fois 8 à 10 minutes au centre du four préchauffé à 180 °C jusqu'à ce que les gâteaux soient dorés et craquelés sur le dessus.

Laissez-les refroidir 1 à 2 minutes, puis déposez-les sur une grille. Les cookies sont meilleurs servis le jour même et délicieux encore tièdes.

Cookies chocolat gingembre Procédez de la même manière, mais remplacez le piment et la cannelle par 2 cuillerées à soupe de gingembre confit en petits morceaux.

cookies au beurre de cacahuètes

Pour **32 cookies**
Préparation **10 minutes**
Cuisson **12 minutes**

125 g de **beurre doux**
  à température ambiante
150 g de **sucre roux**
125 g de **beurre**
  de cacahuètes
  avec morceaux
1 **œuf** légèrement battu
150 g de **farine**
½ c. à c. de **levure**
  chimique
125 g de **cacahuètes**
  non salées

Battez le beurre et le sucre dans un saladier ou dans le bol d'un robot pour obtenir une crème claire. Ajoutez le beurre de cacahuètes, l'œuf, la farine et la levure, puis mélangez jusqu'à ce que la pâte devienne homogène. Incorporez les cacahuètes.

Déposez des boules de pâte avec une cuillère sur 3 grandes plaques légèrement huilées, en les espaçant de 5 cm pour leur laisser la place de gonfler pendant la cuisson.

Aplatissez légèrement les petits tas et faites-les cuire 12 minutes au four préchauffé à 190 °C jusqu'à ce qu'ils soient dorés sur les bords. Laissez-les reposer sur les plaques 2 minutes, puis déposez-les sur une grille pour qu'ils refroidissent complètement.

Cookies au beurre de cacahuètes et aux pépites de chocolat Utilisez seulement 50 g de cacahuètes non salées et ajoutez 50 g de pépites de chocolat au lait, puis préparez et faites cuire les cookies de la même manière.

biscuits raisins cumin

Pour **14 biscuits**
Préparation **20 minutes**
Cuisson **8 à 10 minutes**

200 g de **farine**
1 c. à c. de **levure chimique**
1 c. à c. de **graines
de cumin** grossièrement
écrasées
le **zeste** de ½ **citron**
75 g de **sucre en poudre**
+ un peu pour saupoudrer
75 g de **beurre** coupé
en cubes
50 g de **raisins de Smyrne**
1 **œuf** battu
1 à 2 c. à s. de **lait
demi-écrémé**

Mélangez la farine et la levure dans un saladier
ou dans le bol d'un robot, puis incorporez les
graines de cumin, le zeste de citron et le sucre.
Ajoutez le beurre et travaillez du bout des
doigts, ou mixez jusqu'à obtention de sable.

Incorporez les raisins, puis l'œuf et la quantité de lait
nécessaire pour obtenir une pâte souple qui ne colle pas.

Pétrissez un peu la pâte puis abaissez-la au
rouleau sur 5 mm d'épaisseur sur un plan de
travail légèrement fariné. Découpez des disques
de 7,5 cm de diamètre à l'aide d'un emporte-
pièce cannelé. Déposez-les sur une plaque
graissée. Pétrissez de nouveau la pâte restante, et
continuez de l'étaler et de découper des biscuits
jusqu'à ce que la totalité de la pâte soit utilisée.

Piquez les biscuits avec une fourchette,
saupoudrez-les de sucre et faites-les cuire 8 à
10 minutes au four préchauffé à 180 °C jusqu'à
ce qu'ils soient légèrement dorés. Laissez-les
refroidir sur une grille. Vous pouvez les conserver
jusqu'à 5 jours dans une boîte hermétique.

Biscuits au fenouil et à l'orange Remplacez
le cumin par 1 cuillerée à café de graines de
fenouil grossièrement écrasées et le zeste
de citron par celui de ½ petite orange.

croquants avoine gingembre

Pour **25 croquants**
Préparation **20 minutes**
Cuisson **24 à 30 minutes**

100 g de **beurre**
1 c. à s. de **golden suryp**
100 g de **sucre en poudre**
1 c. à c. de **bicarbonate
de soude**
1 c. à c. de **gingembre
moulu**
2 c. à s. de **gingembre
confit** haché
100 g de **farine complète**
125 g de **flocons d'avoine**

Faites fondre le beurre avec le sirop et le sucre à feu doux dans une casserole en remuant. Retirez du feu, puis incorporez le bicarbonate de soude et les deux gingembres. Ajoutez la farine et les flocons d'avoine, puis mélangez bien.

Prélevez de grosses cuillerées à café de pâte et répartissez-les sur 3 plaques légèrement graissées, en les espaçant suffisamment pour leur laisser la place de s'étaler pendant la cuisson.

Faites cuire une plaque à la fois 8 à 10 minutes au centre du four préchauffé à 180 °C jusqu'à ce que les biscuits soient dorés et craquelés. Laissez-les durcir 1 à 2 minutes, puis déposez-les sur une grille pour qu'ils refroidissent. Vous pouvez les conserver jusqu'à 3 jours dans une boîte hermétique.

Croquants à l'orange Remplacez le gingembre moulu et confit par le zeste de ½ petite orange.

biscotti grillés

Pour **30 biscotti environ**
Préparation **2 minutes**
Cuisson **43 à 48 minutes**
  + refroidissement

2 **œufs**
100 g de **sucre en poudre**
200 g de **farine**
75 g d'**amandes** ou
  de **noisettes** en poudre
1 grosse c. à c. de **levure
  chimique**
le **zeste** de 2 **citrons verts**
1 pincée de **sel**
40 g de **pistaches**
  décortiquées
  grossièrement hachées
25 g de **noisettes** hachées

Battez les œufs avec le sucre dans un saladier jusqu'à obtention d'une mousse claire. Incorporez la farine, les amandes ou les noisettes en poudre, la levure, le zeste et le sel en remuant doucement avec une cuillère en bois.

Ajoutez les pistaches et les noisettes hachées et travaillez un peu pour obtenir une pâte souple. Formez un boudin épais d'environ 25 cm de long sur 10 cm de large, puis aplatissez-le légèrement avec la paume des mains.

Placez la pâte sur une plaque graissée et faites cuire 35 à 40 minutes au four préchauffé à 180°C jusqu'à ce que le gâteau soit légèrement doré. Sortez-le du four et laissez-le refroidir 5 minutes, puis coupez des tranches de 5 mm à l'aide d'un couteau-scie.

Disposez les biscotti directement sur une plaque à griller et faites-les dorer environ 4 minutes de chaque côté au gril doux jusqu'à ce qu'ils soient croustillants. Laissez-les refroidir sur une grille.

Biscotti au citron et aux noix de macadamia
Remplacez le zeste de citron vert par celui de 1 citron jaune et les pistaches et les noisettes hachées par 65 g de noix de macadamia.

cookies coco pistache

Pour **20 cookies**
Préparation **25 minutes**
  + réfrigération
Cuisson **8 à 10 minutes**

150 g de **beurre** à
  température ambiante
150 g de **sucre en poudre**
le **zeste** de 1 **citron vert**
1 **œuf**
50 g de **noix de coco** râpée
200 g de **farine**
50 g de **pistaches**
  décortiquées et finement
  hachées

Battez le beurre et le sucre dans un saladier. Ajoutez le zeste de citron vert, l'œuf et la noix de coco, puis mélangez vigoureusement jusqu'à ce que la pâte soit homogène. Incorporez progressivement la farine à l'aide d'un fouet.

Déposez la pâte à l'aide d'une cuillère sur une feuille de papier sulfurisé et formez un boudin d'environ 35 cm de long. Roulez-le dans les pistaches hachées, puis enveloppez-le dans le papier et entortillez les deux extrémités. Placez au réfrigérateur 15 minutes minimum, ou toute une nuit.

Déballez le boudin et coupez le nombre de tranches voulu. Disposez-les sur une plaque graissée et faites-les dorer 8 à 10 minutes au four préchauffé à 180 °C. Laissez-les reposer 5 minutes, puis déposez-les sur une grille pour qu'ils refroidissent complètement. Les biscuits sont meilleurs servis le jour même.

Cookies vanille cassonade Au lieu du citron vert et de la noix de coco, parfumez la pâte avec 1 cuillerée à café d'extrait de vanille, puis roulez le boudin dans 4 cuillerées à soupe de cassonade à la place des pistaches. Coupez en tranches et faites cuire de la même manière.

gâteaux
à partager

chocolate chip shortbread

Pour **12 personnes**
Préparation **15 minutes**
Cuisson **20 à 25 minutes**

150 g de **farine**
25 g de **Maïzena**
125 g de **beurre** coupé
en dés
50 g de **sucre en poudre**
75 g de **chocolat au lait**
haché

Décoration
1 pincée de **cannelle** moulue
1 c. à s. de **sucre**
en poudre

Mettez la farine et la Maïzena dans un saladier ou dans le bol d'un robot. Ajoutez le beurre et travaillez du bout des doigts, ou mixez jusqu'à obtention de sable. Incorporez le sucre et le chocolat, puis façonnez une boule avec les mains.

Pressez la boule de pâte dans un moule carré peu profond de 18 cm non graissé et piquez le dessus avec une fourchette. Mélangez la cannelle et le sucre, puis saupoudrez la moitié de ce mélange sur le shortbread. Faites cuire celui-ci 20 à 25 minutes au four préchauffé à 160 °C jusqu'à ce qu'il soit légèrement doré.

Sortez-le du four et prédécoupez 12 parts. Saupoudrez le restant de sucre et de cannelle, puis laissez refroidir dans le moule. Détachez les parts et retirez-les du moule. Le shortbread se conserve jusqu'à 5 jours dans une boîte hermétique.

Fingers au citron Ajoutez à la farine le zeste de 1 citron et supprimez de la recette le chocolat au lait et la cannelle. Pressez la pâte dans un moule carré et faites cuire comme indiqué ci-dessus.

gâteau coco fraise

Pour **9 personnes**
Préparation **10 minutes**
Cuisson **15 à 20 minutes**

125 g de **beurre**
125 g de **golden syrup**
125 de **sucre muscovado**
125 g de **flocons d'avoine**
125 g de **farine complète
à levure incorporée**
25 g de **noix de coco** râpée

Décoration
3 c. à s. de **confiture
de fraises**
2 c. à s. de **noix de coco**
râpée

Faites chauffer le beurre, le sirop et le sucre dans une casserole à feu doux jusqu'à ce que les ingrédients soient fondus.

Retirez du feu et incorporez les flocons d'avoine, la farine et la noix de coco. Mettez le mélange dans un moule carré peu profond de 18 cm chemisé de papier sulfurisé (voir p. 11) et pressez la surface.

Faites cuire le gâteau 15 à 20 minutes au four préchauffé à 180 °C jusqu'à ce qu'il soit doré. Laissez-le refroidir 10 minutes, puis prédécoupez 9 parts carrées. Tartinez de confiture et saupoudrez de noix de coco râpée. Laissez refroidir complètement.

Démoulez le gâteau en soulevant le papier, détachez les parts et retirez le papier. Vous pouvez conserver les parts de gâteau jusqu'à 3 jours dans une boîte hermétique.

Gâteau à la confiture Avant de mettre la pâte dans le moule, incorporez 2 cuillerées à soupe de confiture avec des gros morceaux de fruits. Une fois que le gâteau est sorti du four, enduisez-le d'un peu de confiture. Supprimez la noix de coco râpée.

barres énergétiques

Pour **16 barres**
Préparation **15 minutes**
Cuisson **25 à 30 minutes**

200 g de **beurre**
150 g de **sucre muscovado**
4 c. à s. de **golden syrup**
100 g de **graines mélangées** (sésame, tournesol, citrouille, chanvre, lin brun ou lin doré…)
50 g d'**amandes entières** non émondées
50 g de **noisettes**
1 **pomme** verte épépinée mais non épluchée, coupée en dés
1 petite **banane** épluchée et écrasée
200 g de **flocons d'avoine**

Mettez le beurre, le sucre et le sirop dans une casserole et faites chauffer à feu doux jusqu'à ce que le beurre soit fondu. Retirez alors la casserole du feu et ajoutez les ingrédients restants. Versez ensuite le mélange dans un moule de 18 x 28 cm chemisé de papier sulfurisé (voir p. 11), puis égalisez afin d'avoir la même épaisseur partout.

Faites cuire 25 à 30 minutes au four préchauffé à 180 °C. Le dessus doit être doré et les bords brunis. Laissez refroidir pendant 10 minutes, puis prédécoupez 16 barres et laissez-les refroidir complètement.

Sortez les barres du moule en soulevant le papier sulfurisé, séparez-les les unes des autres, puis retirez le papier. Elles se conservent jusqu'à 3 jours dans une boîte hermétique. De par leur apport énergétique, ces barres constituent un complément idéal à vos paniers-repas.

Barres de céréales aux fruits Remplacez les amandes, les noisettes et les flocons d'avoine par 300 g de muesli aux fruits.

bouchées cerises amandes

Pour **14 bouchées**
Préparation **25 minutes**
Cuisson **25 à 30 minutes**

175 g de **beurre**
  à température ambiante
175 g de **sucre en poudre**
3 **œufs** battus
75 g de **polenta** cuisson
  rapide
125 g d'**amandes** moulues
1 c. à c. de **levure chimique**
le **zeste** et le **jus** de
  ½ **citron**
425 g de **cerises noires
  en boîte**, dénoyautées
  et égouttées
15 g d'**amandes effilées**
sucre glace pour décorer

Dans un saladier, battez le beurre et le sucre jusqu'à obtenir un mélange pâle et crémeux. Incorporez petit à petit les œufs battus et la polenta en versant alternativement 1 cuillerée de chaque. Ajoutez les amandes moulues et la levure, puis le zeste et le jus de citron, puis mélangez.

Graissez un moule de 18 x 28 cm, versez-y le mélange puis répartissez les cerises et les amandes effilées sur le dessus de la pâte.

Faites cuire 25 à 30 minutes au four préchauffé à 180 °C. Le gâteau doit être bien levé et doré. Il remonte lorsque vous appuyez doucement dessus avec le bout du doigt.

Laissez le gâteau refroidir dans le moule, saupoudrez-le de sucre glace puis coupez-le en 14 morceaux avant de le sortir du moule. Ces bouchées se conservent 2 jours dans une boîte hermétique.

Bouchées de polenta aux prunes et aux noisettes

Remplacez les 125 g d'amandes moulues par la même quantité de noisettes grillées finement hachées, les cerises par 400 g de prunes rouges, dénoyautées et coupées en petits morceaux, et les amandes effilées par quelques noisettes non grillées.

brownies au chocolat rhum raisins

Pour **20 brownies**
Préparation **30 minutes**
  + trempage
Cuisson **25 à 30 minutes**

3 c. à s. de **rhum** blanc
  ou brun
100 g de **raisins secs**
250 g de **chocolat noir**
  cassé en morceaux
250 g de **beurre**
4 **œufs**
200 g de **sucre en poudre**
75 g de **farine à levure
  incorporée**
1 c. à c. de **levure chimique**
100 g de **chocolat** blanc
  ou au lait

Faites chauffer le rhum, ajoutez-y les raisins et laissez tremper au moins 2 heures ou toute la nuit.

Faites fondre à feu doux le chocolat noir et le beurre dans une casserole. À l'aide d'un batteur électrique, fouettez les œufs et le sucre dans un saladier. Vous devez obtenir un mélange très épais.

Incorporez le chocolat et le beurre fondus au mélange œufs-sucre. Versez la farine et la levure. Chemisez un moule de 18 x 28 cm de papier sulfurisé, et versez-y le mélange en répartissant bien la pâte dans les coins. Recouvrez avec les raisins imbibés de rhum.

Faites cuire 25 à 30 minutes au four préchauffé à 180 °C jusqu'à ce que la pâte ait bien levé. Le dessus doit être croustillant et craquelé, et le centre fondant. Laissez refroidir et durcir dans le moule.

Retirez le gâteau du moule en soulevant le papier sulfurisé. Faites fondre au bain-marie le chocolat blanc ou au lait, puis versez-le sur le dessus du gâteau. Laissez durcir puis découpez-le afin d'obtenir 20 brownies. Vous pouvez alors retirer le papier sulfurisé. Les brownies se conservent jusqu'à 3 jours dans une boîte hermétique.

Brownies aux trois chocolats Remplacez les raisins par 100 g de pépites de chocolat au lait et 100 g de pépites de chocolat blanc que vous répartissez sur le dessus de la pâte juste avant de la mettre au four. Suivez les conseils de cuisson ci-dessus, mais sans effectuer le glaçage au chocolat.

blondies chocolat blanc abricots

Pour **20 blondies**
Préparation **25 minutes**
Cuisson **25 à 30 minutes**

300 g de **chocolat blanc**
125 g de **beurre**
3 **œufs**
175 g de **sucre en poudre**
1 c. à c. d'**essence
de vanille**
175 g de **farine à levure
incorporée**
1 c. à c. de **levure chimique**
125 g d'**abricots secs**
en petits morceaux

Cassez la moitié du chocolat en morceaux et faites-le fondre à feu doux avec le beurre dans une casserole. Avec le chocolat restant, faites des pépites.

Versez les œufs, le sucre et la vanille dans un saladier et mélangez-les 5 minutes à l'aide d'un fouet électrique. Vous devez obtenir un mélange très épais et mousseux. Incorporez le chocolat et le beurre fondus, puis la farine et la levure. Incorporez ensuite la moitié des abricots et des pépites de chocolat.

Recouvrez un moule de 18 x 28 cm de papier sulfurisé et versez-y la pâte en la répartissant bien dans les coins. Recouvrez avec les pépites et les abricots restants. Faites cuire 25 à 30 minutes au four préchauffé à 180 °C. Le dessus doit être croustillant et le centre légèrement fondant.

Laissez refroidir le gâteau dans le moule puis retirez-le à l'aide du papier sulfurisé. Coupez-le en 20 petits morceaux puis retirez le papier. Vous pouvez conserver les blondies jusqu'à 3 jours dans une boîte hermétique.

Blondies au chocolat blanc et aux airelles Suivez la recette ci-dessus en remplaçant les abricots secs par 75 g d'airelles séchées.

bouchées tropicales au gingembre

Pour **20 bouchées**
Préparation **30 minutes**
Cuisson **25 minutes**

150 g de **beurre**
125 g de **sucre muscovado** blond
3 c. à s. de **golden syrup**
250 g de **farine à levure incorporée**
1 c. à c. de **levure chimique**
3 c. à c. de **gingembre** moulu
50 g de **noix de coco** séchée
3 **œufs** battus
200 g de **rondelles d'ananas** en boîte, égouttées et hachées

Décoration
100 g de **beurre** à température ambiante
200 g de **sucre glace** tamisé
le **zeste** et le **jus** de 1 **citron vert**
dés de **papayes** et d'**abricots secs**
copeaux de **noix de coco** séchée

Faites fondre le beurre, le sucre et le sirop dans une casserole à feu doux, en remuant.

Mélangez les ingrédients secs dans un saladier puis versez-y le mélange fondu. Battez le tout jusqu'à obtenir une pâte lisse. Ajoutez les œufs et l'ananas ; si vous le souhaitez, vous pouvez garder un peu d'ananas pour la décoration.

Graissez un moule de 18 x 28 cm, recouvrez le fond de papier sulfurisé et versez-y la pâte. Lissez la surface.

Faites cuire 20 minutes environ au four préchauffé à 180 °C. Le gâteau doit être bien levé. Laissez-le refroidir dans le moule 10 minutes puis décollez les coins, démoulez-le sur une grille et retirez le papier.

Pour le glaçage au citron vert, battez le beurre, le sucre glace, le zeste et le jus de citron vert jusqu'à obtenir un mélange homogène et onctueux. Retournez le gâteau de façon que le dessus soit de nouveau vers le haut et recouvrez-le de glaçage. Décorez avec des fruits secs et des copeaux de noix de coco. Découpez-le en 20 bouchées avant de servir.

Bouchées aux carottes et aux raisins de Smyrne

Suivez la recette ci-dessus mais sans mettre de gingembre. Remplacez l'ananas et la noix de coco par 150 g de carottes épluchées et râpées et 75 g de raisins de Smyrne, et utilisez le zeste et le jus de ½ orange de petite taille à la place du citron vert.

gâteau poire orange chocolat

Pour **8 personnes**
Préparation **25 minutes**
Cuisson **30 à 35 minutes**

175 g de **beurre**
   à température ambiante
175 g de **sucre en poudre**
3 **œufs** battus
125 g de **farine blanche**
   à levure incorporée
75 g de **farine complète**
   à levure incorporée
25 g de **cacao**
le **zeste** de 1 **orange**
   et 2 c. à s. de son **jus**
4 petites **poires** conférence
   épluchées, épépinées
   et coupées en deux

Décoration
sucre glace tamisé
un peu de **chocolat** râpé
un peu de **zeste d'orange**

Dans un saladier, battez le beurre et le sucre. Incorporez petit à petit les œufs battus et la farine en versant alternativement 1 cuillerée de chaque. Vous devez obtenir une pâte lisse. Ajoutez le cacao, le zeste et le jus d'orange, puis versez le tout dans un moule de 18 x 28 cm recouvert de papier sulfurisé (voir p. 11) puis lissez la surface.

Découpez chaque moitié de poire en tranches fines que vous écartez légèrement tout en conservant la forme originale. Disposez-les en 2 rangées de quatre sur le dessus de la pâte.

Faites cuire 30 à 35 minutes au four préchauffé à 180 °C.

Retirez le gâteau du moule en tirant sur le papier sulfurisé, coupez-le en 8 et retirez le papier. Saupoudrez de sucre glace, de chocolat râpé et de zeste d'orange. Servez le gâteau tel quel, chaud ou froid, ou chaud avec une boule de glace ou de la crème anglaise. Il se conserve 2 jours dans une boîte hermétique.

Gâteau aux poires et au miel Remplacez le sucre en poudre par 150 g de miel épais. Ne mettez pas de cacao et utilisez 125 g de farine complète à levure incorporée. Une fois le gâteau cuit, arrosez les poires avec un peu de miel, puis saupoudrez de sucre glace tamisé.

crumble aux pommes et aux mûres

Pour **16 morceaux**
Préparation **30 minutes**
Cuisson **45 minutes**

175 g de **beurre**
   à température ambiante
175 g de **sucre en poudre**
3 **œufs** battus
200 g de **farine à levure
   incorporée**
1 c. à c. de **levure chimique**
le **zeste** de 1 **citron**
500 g de **pommes à cuire**
   épépinées, épluchées et
   coupées en tranches fines
150 g de **mûres** surgelées,
   tout juste décongelées

Crumble
75 g de **farine à levure
   incorporée**
75 g de **muesli**
50 g de **sucre en poudre**
75 g de **beurre** en petits
   morceaux

Dans un saladier, battez le beurre et le sucre. Incorporez les œufs battus et la farine en versant alternativement 1 cuillerée de chaque. Vous devez obtenir une pâte lisse. Ajoutez la levure et le zeste de citron, remuez, puis versez le tout dans un moule de 18 x 28 cm recouvert de papier sulfurisé (voir p. 11). Lissez la surface, puis recouvrez avec des pommes et des mûres.

Pour le crumble, versez la farine, le muesli et le sucre en poudre dans un saladier, ajoutez le beurre et mélangez du bout des doigts en émiettant le beurre afin d'obtenir des miettes. Dispersez-les sur les fruits. Faites cuire 45 minutes au four préchauffé à 180 °C. Le crumble doit être roussi et la pâte ne doit pas coller à la lame lorsque vous enfoncez un couteau au centre du gâteau.

Laissez refroidir dans le moule puis retirez le gâteau en soulevant le papier sulfurisé. Découpez-le en 16 morceaux puis retirez le papier. Les parts se conservent pendant 2 jours dans une boîte hermétique.

Crumble aux pommes et au mincemeat (compote anglaise à base de pommes, de fruits secs et de graisse de rognon) Suivez la recette ci-dessus en remplaçant les mûres par le même poids de mincemeat. Après avoir recouvert les fruits de crumble, ajoutez 25 g d'amandes effilées. La cuisson est la même que pour le crumble aux pommes et aux mûres.

barres bananes chocolat

Pour **16 barres**
Préparation **30 minutes**
Cuisson **25 à 30 minutes**

175 g de **beurre**
à température ambiante
175 g de **sucre en poudre**
3 **œufs** battus
250 g de **farine à levure
incorporée**
1 c. à c. de **levure chimique**
2 **bananes** (environ 175 g
chacune avec la peau)
épluchées et écrasées

Glaçage
50 g de **beurre**
25 g de **cacao**
250 g de **sucre glace**
tamisé
1 à 2 c. à s. de **lait
décorations en sucre**

Dans un saladier, battez le beurre et le sucre.
Incorporez les œufs battus et la farine en versant
alternativement 1 cuillerée de chaque. Vous
devez obtenir une pâte lisse. Ajoutez la levure
et les bananes écrasées, puis mélangez le tout.

Versez la préparation dans un moule de 18 x 28 cm
recouvert de papier sulfurisé puis lissez la surface.
Faites cuire 25 à 30 minutes au four préchauffé
à 180 °C. Laissez refroidir dans le moule.

Pour le glaçage, faites ramollir le beurre dans une
petite casserole et incorporez-y le cacao. Faites
cuire à feu doux 1 minute, retirez la casserole du
feu et ajoutez-y le sucre glace tout en remuant.
Remettez sur feu doux sans cesser de remuer jusqu'à
ce que le beurre ait fondu et que le mélange soit
lisse. Ajoutez 1 ou 2 cuillerées à soupe de lait pour
obtenir un glaçage lisse et suffisamment liquide.

Étalez le glaçage sur le gâteau. Ajoutez les
décorations, et laissez refroidir complètement.
Retirez ensuite le gâteau du moule en soulevant
le papier sulfurisé, coupez-le en 16 barres
et retirez le papier. Les barres se conservent
3 jours dans une boîte hermétique.

Barres aux bananes et au citron vert Suivez la recette
ci-dessus, mais remplacez le glaçage au chocolat
par le glaçage des bouchées tropicales au gingembre
(voir p. 120).

gâteau renversé mangue kiwi

Pour **20 bouchées**
Préparation **30 minutes**
Cuisson **30 à 35 minutes**

1 grosse **mangue**
4 c. à s. de **confiture d'abricots**
le **zeste** et le **jus** de 2 **citrons verts**
2 **kiwis** en tranches
250 g de **margarine**
125 g de **sucre en poudre**
125 g de **sucre muscovado** blond
250 g de **farine à levure incorporée**
4 **œufs**

Retirez de chaque côté de la mangue une tranche épaisse afin de faire apparaître le noyau. Séparez ensuite la chair du noyau, puis épluchez les deux moitiés de mangue et coupez-les en tranches.

Mélangez la confiture d'abricots et le jus de 1 citron vert. Répartissez ce mélange dans un moule de 18 x 28 cm recouvert de papier sulfurisé (voir p. 11). Disposez en vrac les tranches de mangue et de kiwi.

Mettez le zeste et le reste de jus de citron vert dans un saladier ou un robot, ajoutez les ingrédients restants et battez le tout jusqu'à ce qu'il n'y ait plus de grumeaux. Versez sur les fruits et lissez la surface. Faites cuire 30 à 35 minutes au four préchauffé à 180 °C.

Laissez refroidir le gâteau 10 minutes, puis démoulez-le sur une grille. Retirez le papier sulfurisé et laissez-le refroidir complètement. Découpez en 20 bouchées et servez-les chaudes avec de la crème fouettée. Il vaut mieux les manger le jour même.

Gâteau renversé abricots airelles Supprimez le zeste et le jus de citron vert et garnissez le fond du moule de confiture d'airelles à la place de la confiture d'abricots. Remplacez les fruits frais par 425 g d'oreillons d'abricots en conserve, égouttés, que vous disposez en rangées sur la confiture d'airelles. Suivez ensuite la recette ci-dessus en parfumant la pâte avec le zeste de 1 orange.

croquants pruneaux tournesol

Pour **16 croquants**
Préparation **25 minutes**
Cuisson **30 à 35 minutes**

250 g de **pruneaux**
  dénoyautés grossièrement
  hachés
1 c. à c. d'**essence**
  de vanille
200 ml d'**eau**
150 g de **beurre**
100 g de **sucre en poudre**
2 c. à s. de **golden syrup**
100 g de **farine à levure**
  incorporée
150 g de **flocons d'avoine**
40 g de **graines**
  de tournesol

Décoration
3 c. à s. de **flocons**
  d'avoine
2 c. à s. de **graines**
  de tournesol

Faites chauffer les pruneaux, la vanille et l'eau dans une petite casserole 5 minutes, à feu doux, sans couvrir, jusqu'à ce que les pruneaux aient absorbé l'eau.

Dans une grande casserole, faites fondre le beurre avec le sucre et le golden syrup. Ajoutez-y la farine, les flocons d'avoine et les graines, puis mélangez.

Versez les trois quarts de la pâte dans un moule carré et peu profond de 20 cm de côté, préalablement recouvert de papier sulfurisé (voir p. 11). Lissez la surface, puis recouvrez avec les pruneaux. Versez le reste de pâte sur les pruneaux, puis décorez avec les graines de tournesol et les flocons d'avoine restants. Faites cuire 30 à 35 minutes au four préchauffé à 180 °C, jusqu'à ce que le dessus soit roussi.

Laissez refroidir dans le moule 10 minutes, puis prédécoupez en 16 morceaux et laissez refroidir. Sortez le gâteau du moule en soulevant le papier sulfurisé, retirez le papier puis séparez les croquants. Ils se conservent jusqu'à 3 jours dans une boîte hermétique.

Croquants aux dattes et aux pommes Remplacez les pruneaux et la vanille par 150 g de dattes hachées, que vous faites cuire avec 1 pomme verte épépinée et hachée dans la même quantité d'eau qu'indiquée ci-dessus. Enlevez le surplus de liquide avant de mettre les fruits sur la pâte, puis suivez la recette.

shortbread chocolat caramel

Pour **15 parts**
Préparation **20 minutes**
 + réfrigération
Cuisson **15 minutes**

100 g de **beurre**
 à température ambiante
50 g de **sucre en poudre**
100 g de **farine de riz complet**
100 g de **Maïzena**

Caramel
100 g de **beurre**
50 g de **sucre blond**
397 g de **lait concentré**

Nappage
100 g de **chocolat blanc**
 en morceaux
100 g de **chocolat noir**
 en morceaux

Battez le beurre et le sucre dans une terrine pour obtenir une crème claire, puis incorporez les deux farines. Lorsque ce mélange est homogène, versez-le dans un moule de 28 x 18 cm et faites cuire 10 à 12 minutes au four préchauffé à 200 °C jusqu'à ce que le dessus soit doré.

Pendant ce temps, faites chauffer à feu doux les ingrédients du caramel dans une casserole à fond épais. Lorsque le sucre est dissous, laissez cuire 5 minutes sans cesser de remuer jusqu'à ce que le mélange commence à foncer. Retirez-le du feu et laissez-le reposer un peu, puis versez le caramel sur le biscuit et laissez-le refroidir complètement.

Faites fondre les chocolats blanc et noir séparément dans 2 bols résistants à la chaleur placés sur deux casseroles d'eau frémissante. Lorsque le caramel est ferme, nappez-le en alternant les cuillerées de chocolat blanc et noir. Tapotez le moule sur le plan de travail afin que les 2 chocolats se mêlent, puis dessinez des marbrures avec un couteau. Réfrigérez jusqu'à ce que le dessus soit ferme, puis coupez 15 parts.

Shortbread caramel pignons Incorporez 50 g de pignons de pin dans le caramel juste avant de le verser sur le biscuit et utilisez 200 g de chocolat noir pour le nappage.

gâteaux
fourrés

macaron aux fraises

Pour **8 personnes**
Préparation **40 minutes**
Cuisson **35 à 45 minutes**

4 **blancs d'œufs**
¼ de c. à c. de **crème
de tartre**
125 g de **sucre muscovado**
blond
100 g de **sucre en poudre**
50 g de **noix** légèrement
grillées et broyées

Garniture
200 ml de **crème entière**
250 g de **fraises**

Dans un grand saladier, montez les blancs en neige ferme avec la crème de tartre. Mélangez les deux sucres, puis incorporez-les petit à petit aux blancs. Fouettez de nouveau quelques minutes jusqu'à obtenir une meringue épaisse, puis incorporez les noix.

Graissez 2 moules de 20 cm de diamètre et chemisez-les de papier sulfurisé. Répartissez-y la meringue, lissez la surface, puis dessinez des spirales avec le dos d'une cuillère. Faites cuire 35 à 45 minutes au four préchauffé à 150 °C. Décollez les coins puis laissez refroidir dans les moules.

Démoulez les meringues sur deux torchons propres. Retirez le papier sulfurisé, puis mettez l'une des meringues sur un plat de service.

Fouettez la crème entière, puis répartissez-en les trois quarts sur la première meringue. Coupez en deux les 8 fraises les plus petites et réservez-les. Équeutez les fraises restantes, coupez-les en tranches puis répartissez-les sur la crème. Recouvrez avec la seconde meringue, en plaçant le dessus vers le haut. Décorez en faisant des petits tas de crème fraîche sur lesquels vous placez les moitiés de fraises. Servez dans les 2 heures.

Macaron chocolat marrons Ajoutez 2 cuillerées à soupe de cacao juste avant d'incorporer les noix. Faites cuire comme indiqué ci-dessus, puis remplacez les fraises et la crème fraîche par 150 ml de crème entière mélangée à 220 g de crème de marrons sucrée. Décorez avec des copeaux de chocolat.

gâteau au chocolat et au rhum

Pour **16 parts**
Préparation **15 minutes**
Cuisson **25 à 30 minutes**

150 g de **chocolat noir**
  cassé en morceaux
le **zeste** et le **jus**
  de 1 **orange**
quelques gouttes d'**essence**
  de rhum (facultatif)
150 g de **beurre doux**
  à température ambiante
150 g de **sucre en poudre**
4 **œufs**, blancs et jaunes
  séparés
150 g d'**amandes**
  en poudre

Glaçage au chocolat
150 g de **chocolat noir**
  cassé en morceaux
100 g de **beurre doux**

Décoration
8 à 16 **pétales de violette**
  cristallisés (voir p. 144)
  (facultatif)

Faites fondre au bain-marie le chocolat avec le zeste et le jus d'orange et l'essence de rhum.

Réservez 1 cuillerée à soupe de sucre puis versez le reste dans un grand saladier. Ajoutez le beurre et battez bien. Ajoutez les jaunes d'œufs un à un, puis incorporez le chocolat fondu.

Battez les blancs dans un grand saladier avec le sucre réservé jusqu'à ce qu'ils soient fermes. Incorporez-les à la préparation au chocolat, ajoutez les amandes, puis répartissez la pâte dans 2 moules de 20 cm de diamètre, graissés et chemisés de papier sulfurisé.

Faites cuire 20 à 25 minutes au four préchauffé à 180 °C. Retirez du four, laissez refroidir dans le moule quelques minutes, puis démoulez sur une grille et retirez le papier de cuisson.

Pour le glaçage, faites fondre le chocolat au bain-marie, puis incorporez le beurre, cuillerée par cuillerée. Retirez du feu puis remuez de temps en temps jusqu'à ce que la préparation refroidisse. Si le glaçage est trop liquide, mettez-le au réfrigérateur pour le faire durcir un peu. Utilisez une partie du glaçage pour fourrer le gâteau et le reste pour le recouvrir. Décorez avec des pétales de violette cristallisés.

Gâteau à la liqueur d'orange Ne mettez pas de rhum et utilisez, pour fourrer et recouvrir le gâteau, 200 ml de crème entière mélangée à 2 cuillerées à soupe de Cointreau et 2 cuillerées à soupe de sucre glace. Décorez avec des quartiers d'orange fraîche.

gâteau à la compote de pommes

Pour **8 personnes**
Préparation **30 minutes**
Cuisson **40 à 45 minutes**

2 **pommes à cuire**
d'environ 250 g chacune,
épépinées, épluchées et
coupées en fines tranches
2 c. à s. d'**eau**
quelques gouttes de **jus
de citron**
250 g de **farine blanche**
2 ½ c. à c. de **levure
chimique**
1 c. à c. de **cannelle**
moulue
½ c. à c. de **gingembre**
moulu
¼ c. à c. de **noix
de muscade** râpée
150 g de **margarine**
à tartiner allégée
175 g de **sucre en poudre**
3 **œufs** battus

Mettez l'eau et la moitié des pommes dans une
petite casserole, couvrez, et laissez cuire à feu doux
5 minutes. Faites tremper le reste de pommes dans
un bol rempli d'eau avec un peu de jus de citron.

Mélangez la farine, la levure, le gingembre, la noix de
muscade et la moitié de la cannelle dans un saladier.

Dans un autre saladier, mélangez la margarine à
tartiner avec 150 g de sucre. Incorporez petit à petit les
œufs battus et le mélange à base de farine en versant
alternativement 1 cuillerée de chaque. Vous devez
obtenir une pâte lisse. Ajoutez les pommes cuites.

Versez le tout dans un moule huilé à charnière
de 23 cm de diamètre, et lissez la surface.
Égouttez les tranches de pommes restantes et
disposez-les en cercles sur le dessus de la pâte.
Saupoudrez avec le reste de sucre et de cannelle.
Faites cuire 35 à 40 minutes au four préchauffé
à 180 °C jusqu'à ce que le gâteau soit bien levé.
La pâte ne doit pas coller à la lame lorsque vous
enfoncez un couteau au centre du gâteau.

Servez le gâteau tant qu'il est encore chaud, seul
ou accompagné de crème fraîche, de yaourt
ou de crème fouettée.

Gâteau poires épices Remplacez les pommes
par le même poids de poires et utilisez 1 cuillerée
à café de gingembre moulu et ½ cuillerée à café
de cannelle, en gardant la moitié du gingembre
pour en saupoudrer le gâteau avec le sucre.

gâteau chocolat patate douce

Pour **12 à 14 parts**
Préparation **40 minutes**
Cuisson **50 à 55 minutes**

200 g de **farine à levure incorporée**
50 g de **cacao**
1 c. à c. de **bicarbonate de soude**
175 g de **beurre**
175 g de **sucre muscovado** blond
3 **œufs** battus
400 g de **patates douces**, bouillies, égouttées et réduites en purée avec 3 c. à s. de lait
40 g de **gingembre** cristallisé ou confit, haché

Ganache
150 g de **chocolat noir**
2 c. à s. de **sucre muscovado** blond
200 ml de **crème fraîche** entière

Décoration
25 g de **gingembre** cristallisé ou confit, haché
quelques **pétales de rose ou de violette** cristallisés (voir p. 144)

Mélangez dans un saladier la farine, le cacao et le bicarbonate de soude. Dans un autre saladier, battez le beurre et le sucre. Incorporez petit à petit les œufs et le mélange à base de farine en versant alternativement 1 cuillerée de chaque. Vous devez obtenir une pâte lisse. Versez la purée de patates douces et le gingembre en continuant à remuer.

Graissez un moule à charnière de 23 cm de diamètre et chemisez-le de papier sulfurisé. Versez-y la préparation et lissez la surface. Faites cuire 45 à 50 minutes au four préchauffé à 160 °C.

Laissez refroidir le gâteau dans le moule 15 minutes (ne vous inquiétez pas s'il retombe légèrement), puis démoulez-le sur une grille. Retirez le papier sulfurisé et laissez-le refroidir complètement.

Pour la ganache, faites fondre le chocolat au bain-marie avec le sucre. Retirez du feu, ajoutez la crème fraîche puis remuez jusqu'à obtenir un mélange lisse et brillant. Mettez au réfrigérateur 10 à 30 minutes si la ganache est trop liquide. Répartissez-la ensuite sur le dessus et les côtés du gâteau à l'aide d'une cuillère, puis dessinez des spirales avec un couteau.

Parsemez le dessus de gingembre et de pétales de fleur cristallisés, puis placez le gâteau au frais.

Gâteau chocolat cognac Ne mettez pas de gingembre, arrosez le gâteau de 3 cuillerées à soupe de cognac avant de le napper de ganache, puis décorez de copeaux de chocolat.

génoise au citron

Pour **8 personnes**
Préparation **30 minutes**
Cuisson **25 à 30 minutes**

50 g de **farine**
le **zeste** de ½ **citron**
   finement râpé
6 **blancs d'œufs**
1 pincée de **sel**
¾ de c. à c. de **crème**
   de tartre
200 g de **sucre en poudre**
quelques **pétales de rose**
   (ou d'une autre fleur)
   cristallisés pour décorer
   (facultatif)

Garniture
150 g de **lemon curd**
125 ml de **crème aigre**

Dans un bol, tamisez la farine, mélangez-la au zeste de citron puis réservez.

Battez les blancs d'œufs avec le sel et la crème de tartre dans un grand saladier jusqu'à ce qu'ils soient fermes. Incorporez cuillerée par cuillerée la totalité du sucre. Battez jusqu'à ce que la meringue soit ferme.

Incorporez-y délicatement la farine à l'aide d'une cuillère en métal et mélangez en formant des « huit ». Versez la pâte dans un moule à manquer antiadhésif de 20 ou 23 cm de diamètre. Faites cuire 25 à 30 minutes au four préchauffé à 190 °C jusqu'à ce que le gâteau soit bien levé et doré. Il remonte lorsque vous appuyez doucement dessus avec le bout du doigt.

Renversez le gâteau sur une grille et laissez refroidir : il se détachera du moule en refroidissant. Quand il est froid, mélangez le lemon curd et la crème aigre, puis étalez cette préparation sur le dessus du gâteau. Décorez avec des pétales de rose ou d'autres fleurs.

Pour cristalliser des pétales de rose ou de violette, de pensées ou de fleurs de plantes aromatiques, commencez par vérifier qu'ils sont propres. Ensuite, badigeonnez-les de blanc d'œuf puis saupoudrez-les de sucre semoule. Laissez sécher au moins 30 minutes avant de les utiliser pour décorer le gâteau.

Génoise au citron vert Remplacez le zeste de citron par le zeste finement râpé de 1 citron vert, puis utilisez du lime curd (pâte de citron vert) à la place du lemon curd pour recouvrir le gâteau.

streusel aux prunes et aux amandes

Pour **12 parts**
Préparation **35 minutes**
Cuisson **1 heure à 1 h 10**

Streusel
25 g de **farine à levure
incorporée**
25 g de **sucre en poudre**
25 g de **beurre** en petits
morceaux
40 g d'**amandes** effilées

Gâteau
175 g de **beurre**
à température ambiante
175 g de **sucre en poudre**
3 **œufs** battus
175 g de **farine à levure
incorporée**
1 c. à c. de **levure chimique**
50 g d'**amandes** en poudre
½ c. à c. d'**essence
d'amande**
400 g de **prunes rouges**
dénoyautées et coupées
en quartiers
sucre glace tamisé
pour décorer

Préparez d'abord le streusel : versez la farine et le sucre dans un bol. Ajoutez le beurre et mélangez du bout des doigts en émiettant le beurre pour obtenir des miettes. Ajoutez les amandes effilées.

Confectionnez le gâteau. Dans un saladier, battez le beurre et le sucre pour obtenir un mélange crémeux. Incorporez les œufs et la farine en versant alternativement 1 cuillerée de chaque. Ajoutez la levure, les amandes et l'essence d'amande, puis mélangez.

Versez la préparation dans un moule à charnière de 23 cm de diamètre chemisé de papier sulfurisé, puis lissez la surface. Disposez les quartiers de prunes en vrac, puis recouvrez de streusel.

Faites cuire 1 heure à 1 h 10 au four préchauffé à 180 °C. Si le dessus brunit trop rapidement, recouvrez-le de papier d'aluminium en cours de cuisson.

Laissez refroidir 15 minutes puis retirez le gâteau du moule et laissez refroidir complètement. Retirez le papier sulfurisé et mettez le gâteau dans un plat. Saupoudrez-le de sucre glace et coupez-le en 12 parts. Vous pouvez servir le gâteau nature ou encore tiède avec de la crème fouettée ou de la glace vanille. Il se conserve 2 jours.

Streusel à la pêche Melba Suivez la recette ci-dessus mais remplacez les prunes par 2 pêches fraîches coupées en tranches et 100 g de framboises.

gâteau des chérubins

Pour **8 personnes**
Préparation **1 h 30**
  + une nuit de séchage
Cuisson **1 heure à 1 h 15**

175 g de **margarine**
175 g de **sucre en poudre**
3 **œufs** battus
250 g de **farine à levure incorporée**
le **zeste** de 2 **citrons verts** finement râpé
le **jus** de 1 ½ **citron vert**
100 g de **beurre** à température ambiante
250 g de **sucre glace** + un peu pour saupoudrer
4 c. à s. de **confiture de framboises**
450 g de **glaçage** blanc roulé en sachet
250 g de **glaçage** à modeler
colorant alimentaire doré
1 petit **tube de glaçage** pour écrire (facultatif)

Dans un saladier, battez la margarine et le sucre. Incorporez progressivement les œufs et la farine.

Ajoutez le jus de ½ citron vert et tout le zeste puis remuez. Versez dans un moule profond de 20 cm de diamètre, chemisé de papier sulfurisé. Lissez la surface et faites cuire 1 heure à 1 h 15 au four préchauffé à 160 °C. Laissez refroidir, démoulez, retirez le papier et découpez pour obtenir 3 couches.

Battez le beurre, le sucre glace et le reste du jus de citron vert. Étalez une partie de cette pâte et la confiture de framboises entre les 3 couches du gâteau, puis utilisez le reste pour en recouvrir le dessus et les bords.

Recouvrez le gâteau avec le glaçage roulé. Appuyez sur le dessus et sur les bords, puis retirez le surplus de glaçage. Mettez un peu de glaçage à modeler dans un moule antiadhésif de 6 cm en forme de chérubin, puis démoulez-le. Confectionnez 7 autres chérubins.

Faites sortir du tube le glaçage restant et découpez-le en bandes fines pour confectionner des rubans : enroulez chaque bande autour d'un manche en bois et laissez sécher toute la nuit. Peignez des touches dorées sur les ailes de chérubins au colorant alimentaire, puis disposez ceux-ci sur le dessus du gâteau, avec les rubans. Fixez-les à l'aide du glaçage pour écrire.

gâteau roulé abricots oranges

Pour 8 personnes
Préparation **30 minutes**
Cuisson **18 à 20 minutes**

Garniture
200 g d'**abricots secs**
200 ml de **jus de pomme**

Gâteau
4 **œufs**
125 g de **sucre en poudre**
  + un peu pour saupoudrer
le **zeste** de 1 **orange**
125 g de **farine** tamisée

Dans une casserole, faites cuire à feu doux les abricots et le jus de pomme 10 minutes, ou jusqu'à ce que le liquide soit presque absorbé. Réduisez en purée puis laissez refroidir.

Pour le gâteau, faites chauffer les œufs, le sucre et le zeste d'orange au bain-marie. Battez le tout à l'aide d'un fouet électrique 5 à 10 minutes. Vous devez obtenir un mélange très épais et mousseux.

Incorporez délicatement la farine, puis versez la préparation sur une plaque de 30 x 23 cm recouverte de papier sulfurisé (voir p. 11), en la répartissant bien dans les coins. Faites cuire 18 à 20 minutes au four préchauffé à 200 °C.

Pendant la cuisson, couvrez un torchon propre et humide de papier sulfurisé et saupoudrez-le de sucre en poudre. Une fois que le gâteau est cuit, renversez-le sur le papier recouvert de sucre et décollez délicatement le papier de cuisson de la pâte. Étalez la purée d'abricots, puis, en commençant par le côté le plus court et en vous aidant du papier, roulez le gâteau de façon à lui donner une forme de bûche. Laissez refroidir et consommez le jour même.

Gâteau roulé fraises amandes Éparpillez 40 g d'amandes effilées sur le papier au fond de la plaque et remplacez le zeste d'orange par ½ cuillerée à café d'essence d'amande. Pour fourrer le gâteau, utilisez, à la place de la purée d'abricots, 6 cuillerées à soupe de confiture de fraises et saupoudrez de sucre glace.

délice tout chocolat

Pour **8 personnes**
Préparation **15 minutes**
Cuisson **40 minutes**

250 g de **chocolat noir**
  cassé en morceaux
125 g de **beurre doux**
50 ml de **crème fraîche
entière**
4 **œufs**, blancs et jaunes
  séparés
125 g de **sucre en poudre**
2 c. à s. de **cacao** tamisé
sucre glace

Faites fondre au bain-marie le chocolat, le beurre et la crème fraîche. Retirez du feu et laissez refroidir 5 minutes.

Fouettez les jaunes d'œufs avec 75 g de sucre, puis incorporez-y la préparation au chocolat.

Battez les blancs dans un grand saladier. Lorsqu'ils commencent à épaissir, ajoutez le sucre restant tout en continuant à fouetter. Incorporez-les ensuite avec le cacao tamisé à la préparation à base de jaunes d'œufs et de chocolat, puis remuez jusqu'à obtenir un mélange homogène.

Versez la préparation dans un moule à charnière de 23 cm de diamètre chemisé de papier sulfurisé. Faites cuire 35 minutes au four préchauffé à 180 °C.

Laissez refroidir 10 minutes, puis démoulez le gâteau sur un plat et retirez le papier de cuisson. Coupez-le en 8 parts, puis servez-le chaud avec de la crème fouettée et des fraises.

Gâteau au chocolat et aux oranges parfumées au cognac Ajoutez le zeste finement râpé de 1 orange au moment d'incorporer le sucre. Prenez les écorces de 3 oranges, découpez-les en fines lamelles et faites-les tremper dans 3 cuillerées à soupe de cognac et 1 cuillerée à soupe de miel liquide. Servez le gâteau avec les écorces d'oranges et 1 cuillerée de crème fraîche.

gâteau Saint-Clément

Pour **8 personnes**
Préparation **30 minutes**
Cuisson **20 minutes**

175 g de **margarine**
175 g de **sucre en poudre**
175 g de **farine à levure
incorporée**
1 c. à c. de **levure chimique**
3 **œufs**
le **zeste** finement râpé
de 1 **citron**
le **zeste** finement râpé
de 1 **orange**
sucre glace tamisé

Garniture
3 c. à s. de **lemon curd**
150 ml de **crème entière**
fouettée

Battez tous les ingrédients du gâteau dans
un saladier ou dans un robot de cuisine
jusqu'à obtenir un mélange lisse.

Graissez 2 moules de 18 cm de diamètre et
chemisez-les de papier sulfurisé. Répartissez-y
la préparation de manière égale et lissez la
surface. Faites cuire 20 minutes au four préchauffé
à 180 °C. Les gâteaux doivent être bien levés
et dorés. Ils remontent lorsque vous appuyez
doucement dessus avec le bout du doigt.

Laissez refroidir 5 minutes, puis décollez
les coins et démoulez sur une grille. Retirez
le papier de cuisson et laissez refroidir.

Mettez l'un des gâteaux sur un plat et recouvrez-le
de lemon curd. Étalez ensuite la crème fouettée, puis
couvrez le tout avec le second gâteau. Saupoudrez
de sucre glace et servez de préférence le jour même.

Gâteau chocolat vanille Supprimez le zeste de
citron et d'orange, et remplacez 25 g de farine par
la même quantité de cacao. Suivez les instructions
ci-dessus, puis remplacez le lemon curd par
3 cuillerées à soupe de pâte à tartiner au chocolat
et 150 ml de crème entière fouettée et parfumée
avec 1 cuillerée à café d'essence de vanille.

gâteau roulé chocolat marrons

Pour **8 personnes**
Préparation **20 minutes**
  + refroidissement
Cuisson **25 minutes**

125 g de **chocolat noir**
5 **œufs**, blancs et jaunes
  séparés
175 g de **sucre en poudre**
  + un peu pour saupoudrer
2 c. à s. de **cacao** tamisé
sucre glace

Garniture
250 g de **crème**
  de marrons non sucrée
4 c. à s. de **sucre glace**
1 c. à s. de **cognac**
250 ml de **crème entière**

Faites fondre le chocolat au bain-marie, en remuant. Retirez du feu et laissez refroidir 5 minutes.

Dans un saladier, battez les jaunes d'œufs et le sucre 5 minutes. Incorporez le chocolat fondu et le cacao. Dans un autre saladier, montez les blancs en neige ferme et incorporez-les à la préparation au chocolat.

Versez le tout dans un moule de 33 x 23 cm graissé et chemisé de papier sulfurisé et lissez la surface. Faites cuire 20 minutes au four préchauffé à 180 °C.

Pendant la cuisson, couvrez un torchon propre et humide de papier sulfurisé et saupoudrez-le de sucre en poudre. Dès que le gâteau est cuit, renversez-le sur le papier et décollez délicatement le papier de cuisson. Recouvrez d'un torchon propre et laissez refroidir.

Pour la garniture, dans un robot, mélangez la crème de marrons et le sucre glace. Quand le mélange est lisse, versez-le dans un bol et ajoutez-y le cognac. Incorporez la crème fraîche. Étalez-la sur le gâteau, en laissant tout autour un bord de 1 cm, puis, en commençant par le côté le plus court, roulez le gâteau de façon à lui donner une forme de bûche. Saupoudrez de sucre glace avant de servir.

Gâteau roulé chocolat cerises Suivez la recette ci-dessus, mais remplacez la garniture par 425 g de cerises noires (fraîches ou en conserve) et 250 ml de crème entière fouettée et parfumée avec 3 cuillerées à soupe de cognac.

gâteau au chocolat et aux dattes

Pour **10 personnes**
Préparation **30 minutes**
Cuisson **25 minutes**

150 g de **dattes** sèches
  hachées
150 ml + 6 c. à s. d'**eau**
  bouillante
50 g de **cacao**
150 ml d'**huile de tournesol**
3 **œufs**
175 g de **sucre en poudre**
175 g de **farine à levure**
  incorporée
1 ½ c. à c. de **levure**
  chimique

Garniture
150 ml de **crème entière**
150 g de **fromage frais**
3 c. à s. de **pâte à tartiner**
  au chocolat
5 **truffes au chocolat**
  du commerce coupées
  en deux

Dans une casserole, faites cuire les dattes dans 150 ml d'eau bouillante, à couvert, à feu doux 5 minutes. Mélangez dans un bol le cacao avec les 6 cuillerées à soupe d'eau restante. Laissez refroidir les dattes et le cacao.

Ajoutez l'huile, les œufs et le sucre au cacao dissous et battez le tout jusqu'à obtenir une pâte lisse. Ajoutez la farine et la levure, puis remuez. Versez les dattes refroidies et leur liquide de cuisson, puis mélangez.

Graissez 2 moules de 20 cm de diamètre et chemisez-les de papier sulfurisé. Répartissez-y la préparation de manière égale et lissez la surface. Faites cuire 20 minutes au four préchauffé à 180 °C.

Laissez refroidir 5 minutes puis décollez les coins, démoulez sur une grille et retirez le papier sulfurisé. Laissez refroidir complètement.

Fouettez la crème, puis incorporez-y le fromage frais. Posez l'un des gâteaux sur un plat de service, puis recouvrez-le de la pâte à tartiner au chocolat et de la moitié de la crème. Couvrez le tout avec le second gâteau, et étalez dessus le reste de crème. Décorez avec les truffes au chocolat coupées en deux.

Forêt-Noire Faites les deux gâteaux, mais ne mettez pas de dattes. Arrosez-les de 2 cuillerées à soupe de kirsch chacun, puis garnissez avec le mélange de crème et de fromage frais, en ajoutant une boîte de 425 g de cerises noires dénoyautées et égouttées au milieu et sur le dessus du gâteau.

gâteau au café et praline pistache

Pour **12 parts**
Préparation **40 minutes**
Cuisson **30 à 35 minutes**

6 **œufs**
175 g de **sucre en poudre**
175 g de **farine** tamisée
50 g de **beurre doux** fondu
2 c. à s. de **café expresso**
  refroidi

Praline
65 g de **pistaches**
  décortiquées
125 g de **sucre cristallisé**
50 ml d'**eau**

Glaçage au sirop d'érable
6 **jaunes d'œufs**
175 g de **sucre en poudre**
150 ml de **lait**
375 g de **beurre doux**
  à température ambiante
  en petits morceaux
3 c. à s. de **sirop d'érable**

Faites chauffer au bain-marie les œufs et le sucre 5 minutes en fouettant. Retirez du feu et incorporez la farine, le beurre et le café.

Huilez un moule de 23 cm de diamètre et chemisez-le de papier sulfurisé. Versez-y la préparation et faites cuire 30 à 35 minutes au four préchauffé à 180 °C. Laissez refroidir 5 minutes puis démoulez sur une grille. Découpez le gâteau en trois horizontalement.

Mettez les pistaches sur une plaque. Dans une casserole à fond épais, faites dissoudre le sucre avec l'eau sur feu doux. Augmentez la température et faites dorer le mélange. Retirez du feu et versez sur les pistaches. Quand le caramel a pris, cassez la praline en petits morceaux puis réduisez-la en poudre.

Battez les jaunes d'œufs et le sucre. Faites frémir le lait, puis mélangez-le aux œufs et au sucre. Remettez sur feu doux sans cesser de remuer jusqu'à ce que la pâte colle au dos de la cuillère. Retirez du feu et battez le mélange 2 à 3 minutes, puis incorporez petit à petit le beurre de façon à obtenir un glaçage épais et brillant. Incorporez le sirop d'érable.

Mélangez la moitié de la praline et la moitié du glaçage et étalez le tout entre les couches du gâteau. Utilisez le glaçage restant pour recouvrir le dessus et les bords du gâteau, puis décorez avec le reste de praline.

Gâteau au chocolat et praline aux noisettes
Remplacez 25 g de farine par la même quantité de cacao et les pistaches par des noisettes.

meringue roulée aux myrtilles

Pour **8 personnes**
Préparation **30 minutes**
  + refroidissement
Cuisson **15 minutes**

4 **blancs d'œufs**
250 g de **sucre en poudre**
  + un peu pour saupoudrer
1 c. à c. de **vinaigre de vin blanc**
1 c. à c. de **Maïzena**

Garniture
le **zeste** de 1 **citron vert**
300 ml de **crème entière**
  fouettée
150 g de **myrtilles**
3 **fruits de la Passion**
  coupés en deux

Dans un grand saladier, montez les blancs en neige ferme. Incorporez cuillerée par cuillerée la totalité du sucre. Battez de nouveau quelques minutes.

Mélangez le vinaigre et la Maïzena, puis incorporez-les à la meringue. Recouvrez une plaque à pâtisserie de 33 x 23 cm de papier sulfurisé en le faisant dépasser des bords. Versez-y la meringue en lissant bien la surface. Faites cuire 10 minutes au four préchauffé à 190 °C jusqu'à ce que le biscuit soit coloré et bien levé, puis baissez la température à 160 °C et prolongez la cuisson de 5 minutes. Le gâteau doit être ferme au toucher et légèrement craquelé sur le dessus.

Pendant la cuisson, couvrez un torchon propre et humide de papier sulfurisé et saupoudrez-le de sucre en poudre. Renversez-y la meringue, enlevez la plaque et laissez refroidir 1 à 2 heures. Retirez le papier de cuisson.

Incorporez le zeste de citron vert à la crème fouettée, puis étalez le tout sur la meringue. Répartissez ensuite les myrtilles et les graines de fruits de la Passion puis, en commençant par le côté le plus court et en vous aidant du papier, roulez le gâteau de façon à lui donner une forme de bûche. Consommez le jour même.

Meringue roulée fraises menthe Garnissez la meringue de crème fouettée mélangée à un petit bouquet de menthe fraîche hachée et de 250 g de fraises grossièrement hachées. Roulez la meringue et décorez de petites fraises coupées en deux et de feuilles de menthe saupoudrées de sucre glace tamisé.

grand gâteau au chocolat

Pour **8 personnes**
Préparation **20 minutes**
  + réfrigération
Cuisson **30 minutes**

125 g de **sucre en poudre**
4 **œufs**
100 g de **farine à levure incorporée**
25 g de **cacao**
40 g de **beurre doux** fondu
1 c. à c. d'**extrait de vanille**

Glaçage
375 g de **chocolat noir** cassé en morceaux
250 g de **beurre doux**
100 g de **sucre glace** tamisé

Faites chauffer le sucre et les œufs au bain-marie. Battez 5 à 10 minutes à l'aide d'un fouet électrique jusqu'à obtenir un mélange épais et mousseux.

Ajoutez la farine et le cacao en les passant au tamis et incorporez-les à la préparation, en même temps que le beurre fondu et la vanille, jusqu'à obtenir un mélange homogène.

Huilez un moule à charnière de 20 cm de diamètre et chemisez-le de papier sulfurisé. Versez-y la préparation et faites cuire 25 minutes au four préchauffé à 180 °C. Le gâteau doit être bien levé et ferme au toucher. Retirez-le du four et laissez-le refroidir 5 minutes, puis démoulez-le sur une grille, retirez le papier de cuisson et laissez refroidir complètement.

Pour le glaçage, faites fondre le chocolat et le beurre au bain-marie. Retirez du feu et ajoutez le sucre glace en remuant énergiquement. Laissez refroidir puis mettez au réfrigérateur 1 heure pour que le mélange épaississe. Battez afin d'obtenir un mélange onctueux.

Coupez le gâteau en deux horizontalement et étalez la moitié du glaçage entre les 2 couches. Utilisez le reste du glaçage pour recouvrir le dessus et les bords du gâteau, en faisant des dessins à l'aide d'une spatule.

Gâteau au chocolat et à l'orange Ajoutez le zeste finement râpé de 1 orange au moment de battre les œufs et le sucre. Décorez le gâteau avec les écorces de l'orange.

gâteau au café

Pour **8 personnes**
Préparation **30 minutes**
Cuisson **20 minutes**

175 g de **margarine**
175 g de **sucre muscovado**
 blond ou de sucre
 en poudre
175 g de **farine à levure
 incorporée**
1 c. à c. de **levure chimique**
3 **œufs**
3 c. à c. de **café instantané**
 dissous dans 2 c. à c.
 d'eau bouillante

Glaçage
75 g de **beurre**
 à température ambiante
150 g de **sucre glace**
 tamisé
3 c. à c. de **café instantané**
 dissous dans 2 c. à c.
 d'eau bouillante
50 g de **chocolat noir** fondu

Battez tous les ingrédients du gâteau dans un saladier ou dans un robot jusqu'à obtenir un mélange homogène et sans grumeaux.

Graissez 2 moules de 18 cm de diamètre et chemisez-les de papier sulfurisé. Répartissez-y la préparation, puis lissez la surface. Faites cuire 20 minutes au four préchauffé à 180 °C. Les gâteaux doivent être bien levés et brunis. Ils remontent lorsque vous appuyez doucement dessus avec le bout du doigt.

Laissez refroidir quelques minutes, puis décollez les bords et démoulez les gâteaux sur une grille. Retirez le papier et laissez refroidir.

Pour le glaçage, mettez le beurre et la moitié du sucre glace dans un saladier, ajoutez le café dissous et battez le tout jusqu'à obtenir un mélange lisse. Incorporez peu à peu le sucre glace restant.

Mettez l'un des gâteaux sur un plat de service, étalez-y la moitié du glaçage puis recouvrez avec le second gâteau. Étalez le reste du glaçage sur le dessus, puis décorez en dessinant des cercles de chocolat fondu. Le gâteau se conserve 2 à 3 jours dans une boîte hermétique au réfrigérateur.

Pour les grandes occasions, vous pouvez également décorer ce gâteau de grains de café cristallisés ou de petits chocolats au café. Ajoutez un peu de noix écrasées dans le glaçage et gardez-en quelques-unes pour décorer le dessus du gâteau.

gâteau carotte noix

Pour **10 personnes**
Préparation **40 minutes**
Cuisson **25 minutes**

150 ml d'**huile de tournesol**
3 **œufs**
175 g de **sucre muscovado**
blond
175 g de **farine à levure
incorporée**
1 ½ c. à c. de **levure
chimique**
le **zeste** de ½ **orange**
1 c. à c. de **cannelle**
moulue
150 g de **carottes**
grossièrement râpées
50 g de **noix** finement
moulues

Glaçage au sirop d'érable
250 ml de **sirop d'érable**
2 **blancs d'œufs**
1 pincée de **sel**

Décoration
5 **cerneaux de noix** coupés
en deux

Dans un saladier, battez l'huile, les œufs et le sucre. Ajoutez la farine, la levure, le zeste d'orange et la cannelle puis battez bien. Incorporez les carottes et les noix. Graissez 2 moules de 20 cm de diamètre et chemisez-les de papier sulfurisé. Répartissez-y la préparation puis lissez la surface.

Faites cuire 20 minutes environ au four préchauffé à 180 °C. Laissez refroidir 5 minutes, puis démoulez sur une grille et retirez le papier. Laissez refroidir complètement.

Pour le glaçage, faites chauffer le sirop d'érable dans une casserole à 115 °C. Dans un saladier, montez les blancs en neige ferme avec le sel. Lorsque le sirop est prêt, incorporez-le aux blancs d'œufs. Battez quelques minutes pour que le mélange épaississe.

Coupez chaque gâteau horizontalement en deux et superposez les 4 couches en les séparant par du glaçage. Mettez le gâteau sur un plat de service, puis recouvrez le dessus et les bords avec le reste de glaçage en formant des petits pics. Décorez avec les cerneaux de noix coupés en deux.

Gâteau cannelle noisettes Suivez la recette du gâteau au café (voir p. 166) et remplacez le café dissous utilisé pour la pâte du gâteau par 2 cuillerées à café de cannelle moulue et 50 g de noisettes grillées hachées. Garnissez et recouvrez le gâteau avec le glaçage ci-dessus. Décorez avec des noisettes grossièrement hachées et saupoudrez de cannelle moulue.

gâteau Victoria

Pour **8 personnes**
Préparation **20 minutes**
Cuisson **20 minutes**

175 g de **beurre**
  à température ambiante
175 g de **sucre en poudre**
175 g de **farine de riz**
  complet
3 **œufs**
1 c. à s. de **levure chimique**
quelques gouttes d'**essence**
  de vanille
1 c. à s. de **lait**

Garniture et décoration
4 c. à s. de **confiture**
  de framboises
sucre glace

Versez tous les ingrédients de la pâte du gâteau dans un saladier ou un robot et battez le tout jusqu'à obtenir un mélange homogène.

Graissez et farinez 2 moules antiadhésifs de 18 cm de diamètre, et répartissez-y la pâte. Faites cuire 20 minutes environ au four préchauffé à 200 °C jusqu'à ce que les gâteaux soient dorés et bien levés.

Retirez du four et démoulez sur une grille. Laissez refroidir, puis superposez les gâteaux en les séparant avec la confiture de framboises. Saupoudrez le dessus de sucre glace.

Gâteau d'anniversaire au chocolat Faites les gâteaux suivant la recette ci-dessus mais en remplaçant 1 cuillerée à soupe de farine de riz par du cacao. Préparez un glaçage au chocolat en dissolvant 2 cuillerées à soupe de cacao dans 2 cuillerées à soupe d'eau bouillante, puis laissez refroidir. Pendant ce temps, battez 375 g de sucre glace avec 175 g de beurre ramolli jusqu'à obtenir un mélange clair et onctueux auquel vous ajoutez le cacao dissous tout en continuant à remuer. Utilisez ce glaçage pour fourrer et recouvrir le gâteau.

gâteau chocolat Guinness

Pour **10 personnes**
Préparation **40 minutes**
 + repos et réfrigération
Cuisson **45 à 55 minutes**

125 g de **beurre**
 à température ambiante
250 g de **sucre muscovado**
 blond
175 g de **farine**
50 g de **cacao**
½ c. à c. de **levure
 chimique**
1 c. à c. de **bicarbonate
 de soude**
3 **œufs** battus
200 ml de **Guinness**
 ou autre bière brune
25 g de **copeaux**
 de **chocolat blanc**
 pour décorer
cacao tamisé

**Ganache au chocolat
 blanc**
200 ml de **crème entière**
200 g de **chocolat blanc**
 cassé en morceaux

Dans un saladier, battez le beurre et le sucre. Dans un autre plat, tamisez la farine, le cacao, la levure et le bicarbonate de soude. Incorporez les œufs battus au mélange beurre-sucre, les ingrédients secs et la bière en versant alternativement 1 cuillerée de chaque. Vous devez obtenir une pâte lisse.

Graissez un moule à charnière de 20 cm de diamètre et chemisez-le de papier sulfurisé. Versez-y la préparation et lissez la surface.

Faites cuire 45 à 55 minutes au four préchauffé à 160 °C. Laissez refroidir 10 minutes, puis décollez les bords, démoulez sur une grille et retirez le papier.

Pour la ganache au chocolat blanc, portez la moitié de la crème à ébullition dans une petite casserole, puis retirez-la du feu. Ajoutez le chocolat et laissez fondre 10 minutes. Remuez, puis mettez au réfrigérateur 15 minutes. Fouettez le reste de crème puis incorporez-y le mélange au chocolat tout en continuant à fouetter. Remettez au frais 15 minutes.

Mettez le gâteau sur un plat et, à l'aide d'une cuillère, étalez la ganache sur le dessus. Décorez avec les copeaux de chocolat et saupoudrez de cacao tamisé.

Gâteau du diable Suivez la recette ci-dessus, puis coupez le gâteau en trois horizontalement. Superposez les couches en les séparant par la ganache du gâteau au chocolat et à la patate douce (voir p. 142), puis étalez le reste de ganache sur le dessus et sur les côtés.

172

gâteau roulé cerises orange

Pour **8 personnes**
Préparation **30 minutes**
  + refroidissement
Cuisson **20 minutes**

5 gros **œufs**, blancs
  et jaunes séparés
250 g de **sucre en poudre**
  + un peu pour saupoudrer
100 g de **farine** tamisée
le **zeste** de 1 ½ **orange**
40 g d'**amandes** effilées
300 g de **fromage**
  à la crème allégé
  en matières grasses
425 g de **cerises noires**
  en conserve, dénoyautées
  et égouttées
quelques **cerises** fraîches
  (facultatif)

Faites chauffer les jaunes d'œufs et 175 g de sucre au bain-marie, en remuant. Retirez du feu et incorporez la farine et le zeste de 1 orange.

Dans un grand saladier, battez les blancs en neige ferme. Incorporez-en d'abord 1 cuillerée au mélange à base d'œufs, puis incorporez le reste des blancs.

Versez la préparation sur une plaque de 30 x 23 cm recouverte de papier sulfurisé. Éparpillez les amandes effilées sur le dessus, puis faites cuire 15 minutes au four préchauffé à 180 °C. Le gâteau doit être bien levé et un peu spongieux. Sortez du four et laissez refroidir.

Battez le fromage à la crème avec le reste du zeste d'orange et la moitié du sucre restant.

Couvrez un torchon propre et humide de papier sulfurisé et saupoudrez-le avec le reste de sucre en poudre. Renversez le gâteau dessus et décollez le papier.

Étalez sur le gâteau le mélange à base de fromage à la crème, éparpillez les cerises, puis, en commençant par le côté le plus court et en vous aidant du papier, roulez le gâteau. Transmettez-le sur un plat de service, ajoutez les cerises fraîches (facultatif) et coupez-le en tranches épaisses.

Pour un gâteau sans blé, remplacez la farine par 100 g d'amandes moulues. Si nécessaire, vérifiez également que les cerises et le fromage à la crème sont sans gluten.

gâteau de polenta au citron

Pour **8 à 10 personnes**
Préparation **20 minutes**
Cuisson **30 minutes**

125 g de **farine**
1 ½ c. à c. de **levure
chimique**
125 g de **polenta**
3 **œufs** + 2 **blancs d'œufs**
175 g de **sucre roux**
en poudre
le **zeste** et le **jus**
de 2 **citrons**
100 ml d'**huile végétale**
150 ml de **babeurre**

Fraises au vin rouge
300 ml de **vin rouge**
1 **gousse de vanille** ouverte
150 g de **sucre en poudre**
2 c. à s. de **vinaigre
balsamique**
250 g de **fraises** équeutées

Tamisez la farine et la levure. Ajoutez la polenta, mélangez et réservez.

À l'aide d'un batteur électrique, battez les œufs, les blancs d'œufs et le sucre dans un autre saladier 3 à 4 minutes. Incorporez le mélange à base de polenta, le zeste et le jus des citrons, l'huile et le babeurre puis remuez pour former une pâte lisse.

Graissez un moule à charnière de 25 cm de diamètre et chemisez-le de papier sulfurisé. Versez-y la préparation et faites cuire 30 minutes au four préchauffé à 180 °C. Laissez refroidir 10 minutes, puis démoulez sur une grille. Retirez le papier et laissez refroidir.

Pour les fraises au vin rouge, faites chauffer à feu doux le vin, la gousse de vanille et le sucre dans une casserole. Augmentez la température et laissez mijoter 10 à 15 minutes pour faire réduire le liquide et lui donner une texture sirupeuse. Laissez refroidir puis ajoutez le vinaigre et les fraises.

Coupez le gâteau en 8 ou 10 parts et servez-le avec les fraises et leur sirop.

Gâteau de polenta au sirop de citron Dans une casserole, faites chauffer le jus et le zeste râpé de 2 citrons avec 200 g de sucre en poudre et 2 cuillerées à soupe d'eau. Versez le sirop sur le gâteau dès que celui-ci sort du four. Attendez que le gâteau ait absorbé tout le sirop, puis servez chaud ou froid avec de la crème légère.

gâteau croquant chocolat noisettes

Pour **8 à 10 personnes**
Préparation **30 minutes**
+ réfrigération
Cuisson **1 heure à 1 h 15**

5 **œufs**, blancs et jaunes
  séparés
300 g de **sucre en poudre**
1 c. à s. de **Maïzena**
125 g de **noisettes**
  blanchies, grillées
  et finement moulues
cacao pour saupoudrer

Ganache
250 g de **chocolat noir**
  cassé en morceaux
200 ml de **crème entière**

Noisettes au chocolat
50 g de **noisettes**
50 g de **chocolat noir** fondu

Dans un grand saladier, montez les blancs en neige. Incorporez cuillerée par cuillerée la totalité du sucre. Incorporez la Maïzena et les noisettes, puis versez la préparation dans une grande poche munie d'une douille de 1 cm de diamètre.

Dessinez un cercle de 23 cm de diamètre sur 3 feuilles de papier sulfurisé, puis, à l'aide de la douille, étalez la pâte en spirale en commençant par le centre de chaque cercle et en finissant par sa ligne extérieure. Faites cuire chacune des feuilles au four préchauffé à 150 °C, 1 heure à 1 h 15. Retirez les 3 biscuits du four, posez-les sur une grille et laissez-les refroidir.

Pour la ganache, faites fondre au bain-marie le chocolat avec la crème, en remuant. Retirez du feu et laissez refroidir, puis mettez 1 heure au réfrigérateur.

Pour les noisettes au chocolat, à l'aide d'une fourchette, enfoncez les noisettes dans le chocolat jusqu'à ce qu'elles en soient entièrement enrobées. Laissez-les durcir sur du papier de cuisson.

Fouettez la ganache au chocolat pour lui donner une texture légère et onctueuse, puis étalez-la entre les 3 couches de gâteau. Décorez avec les noisettes au chocolat et saupoudrez de cacao avant de servir.

Gâteau au chocolat et aux amandes Remplacez les noisettes par 125 g d'amandes moulues. Éparpillez 50 g d'amandes effilées sur le dessus de la pâte avant de la mettre au four, puis suivez la recette.

cakes sucrés

cake au poivre et aux raisins

Pour **10 personnes**
Préparation **25 minutes**
+ refroidissement
Cuisson **45 à 55 minutes**

125 g de **beurre**
125 g de **raisins secs**
125 g de **raisins
de Corinthe**
75 g de **raisins de Smyrne**
150 g de **sucre muscovado**
blond
150 ml d'**eau**
300 g de **farine à levure
incorporée**
1 c. à c. de **grains
de poivre** grossièrement
moulus
1 c. à c. de **clous de girofle**
entiers grossièrement
moulus
1 c. à c. de **gingembre**
moulu
2 **œufs**

Dans une casserole, portez à ébullition l'eau avec le beurre, les fruits secs et le sucre. Faites cuire à feu doux 5 minutes, puis laissez refroidir 15 minutes.

Mettez la farine, les grains de poivre, les clous de girofle et le gingembre dans un saladier. Ajoutez la préparation à base de fruits secs et les œufs, puis remuez jusqu'à obtenir un mélange qui coule doucement lorsque vous soulevez la cuillère.

Graissez un moule à charnière de 20 cm de diamètre et chemisez-le de papier sulfurisé. Versez-y la pâte et lissez la surface. Faites cuire 45 à 55 minutes au four préchauffé à 160 °C. Le cake doit être bien levé, le dessus légèrement craquelé et lorsque vous enfoncez un couteau au centre, la lame ressort propre. (Si vous avez un four à chaleur tournante, il peut être utile de couvrir le cake de papier d'aluminium au bout de 30 minutes de cuisson afin d'éviter que le dessus ne brûle.)

Laissez refroidir 10 minutes puis décollez les bords, démoulez sur une grille et retirez le papier. Laissez refroidir complètement. Le cake se conserve 3 jours dans une boîte hermétique.

Cake fermier aux fruits Suivez la recette ci-dessus, mais en remplaçant les grains de poivre, les clous de girofle et le gingembre par 1 cuillerée à café d'épices mélangées.

cake dattes banane noix

Pour **10 personnes**
Préparation **25 minutes**
Cuisson **1 h 10 à 1 h 15**

400 g de **bananes** pesées
avec la peau
1 c. à s. de **jus de citron**
300 g de **farine à levure
incorporée**
1 c. à c. de **levure chimique**
125 g de **sucre en poudre**
125 g de **beurre** fondu
2 **œufs** battus
175 g de **dattes** séchées
hachées
50 g de morceaux de **noix**

Décoration
cerneaux de noix
rondelles de **bananes
sèches**

Épluchez les bananes puis écrasez-les
en les mélangeant au jus de citron.

Mélangez la farine, la levure et le sucre dans un
saladier. Ajoutez les bananes écrasées, le beurre
fondu et les œufs, puis remuez le tout. Incorporez
les dattes et les morceaux de noix, puis versez la
préparation dans un moule à pain, graissé et chemisé
de papier sulfurisé. Lissez la surface, puis décorez
avec les cerneaux de noix et des rondelles de banane.

Faites cuire 1 h 10 à 1 h 15 au four préchauffé
à 160 °C, en plaçant le moule bien au centre du
four. Le cake doit être bien levé, craquelé sur le
dessus et lorsque vous enfoncez un couteau au
milieu, la pâte ne doit pas coller à la lame. Laissez
refroidir 10 minutes puis décollez les bords,
démoulez sur une grille et retirez le papier. Laissez
refroidir complètement. Le cake se conserve
jusqu'à 5 jours dans une boîte hermétique.

Cake cerises abricots Remplacez les dattes et
les noix par 100 g de cerises confites grossièrement
hachées et 100 g d'abricots secs en petits morceaux.

cake jamaïcain au gingembre

Pour **10 personnes**
Préparation **30 minutes**
Cuisson **50 à 60 minutes**

150 g de **beurre**
150 g de **golden syrup**
150 g de **mélasse noire**
150 g de **farine**
150 g de **farine complète**
4 c. à c. de **gingembre**
moulu
1 c. à c. d'**épices
mélangées** moulues
1 c. à c. de **bicarbonate
de soude**
2 **œufs** battus
4 c. à s. de **lait**

Décoration
1 c. à s. de **confiture
d'abricots**
125 g de **fruits exotiques
séchés** coupés en petits
morceaux
1 morceau de **gingembre**
coupé en tranches

Dans une casserole, faites chauffer à feu doux le beurre, le golden syrup et la mélasse, en remuant de temps en temps jusqu'à ce que le beurre soit fondu. Retirez du feu et laissez refroidir 5 minutes.

Mélangez tous les ingrédients secs dans un grand saladier. Incorporez au fur et à mesure le mélange de la casserole et remuez énergiquement de façon qu'il ne reste pas de grumeaux.

Versez la préparation dans un moule à pain, graissé et chemisé de papier sulfurisé. Faites cuire 50 à 60 minutes au four préchauffé à 160 °C. Le cake doit être bien levé, craquelé sur le dessus et, lorsque vous enfoncez un couteau au centre, la pâte ne doit pas coller à la lame. Laissez refroidir 10 minutes puis décollez les bords et soulevez le cake à l'aide du papier de cuisson. Placez-le sur une grille, retirez le papier et laissez refroidir complètement.

Recouvrez le cake de confiture d'abricots et décorez-le avec les morceaux de fruits exotiques et les tranches de gingembre.

Cake à la confiture de gingembre Ajoutez 100 g de golden syrup et remplacez la mélasse par 50 g de confiture de gingembre. Recouvrez le cake avec 2 cuillerées à soupe supplémentaires de confiture de gingembre à la place de la confiture d'abricots et des fruits secs.

cake gingembre whisky

Pour **24 parts**
Préparation **40 minutes**
  + une nuit de trempage
Cuisson **3 h 30 à 3 h 45**

1 kg de **mélange de fruits secs**
4 c. à s. de **whisky**
50 g de **gingembre confit** haché
le **zeste** et le **jus** de 1 **citron**
300 g de **farine**
2 c. à c. d'**épices mélangées** moulues
1 c. à c. de **cannelle** moulue
250 g de **beurre** à température ambiante
250 g de **sucre muscovado** brun
5 **œufs** battus
50 g de **noix de pécan** grossièrement hachées

Décoration
11 moitiés de **cerises confites**
11 **noix de pécan**

Dans un saladier, mélangez les fruits secs, le whisky, le gingembre confit, le zeste et le jus de citron, puis couvrez et laissez tremper toute la nuit.

Mélangez la farine et les épices. Dans un autre saladier, battez le beurre avec le sucre jusqu'à obtenir un mélange crémeux.

Incorporez petit à petit les œufs battus et la farine aux épices, en versant alternativement 1 cuillerée de chaque. Vous devez obtenir une pâte lisse. Ajoutez peu à peu les fruits secs imbibés et les noix de pécan, en remuant jusqu'à ce que le mélange soit homogène.

Recouvrez de papier sulfurisé un moule profond de 20 cm de diamètre et versez-y la préparation, en lissant la surface. Disposez les moitiés de cerises et les noix de pécan tout au long du bord, puis faites cuire 3 heures 30 à 3 h 45 au four préchauffé à 140 °C. Laissez refroidir dans le moule 30 minutes, puis décollez les bords, démoulez sur une grille et retirez le papier de cuisson. Laissez refroidir complètement. Si vous le souhaitez, vous pouvez décorer le cake en l'entourant d'une bande de papier ciré nouée à l'aide d'un brin de raphia. Il se conserve 2 semaines dans une boîte hermétique.

Cake aux fruits noirs Remplacez le zeste de citron par le zeste de ½ orange et de ½ citron. Ne mettez pas de gingembre confit ni de whisky. Si vous souhaitez faire l'un de ces cakes pour Noël ou pour une occasion spéciale, recouvrez-le de massepain ou de glaçage fondant.

cake au cidre pommes figues

Pour **10 personnes**
Préparation **20 minutes**
 + trempage
Cuisson **1 heure à 1 h 10**

300 ml de **cidre** sec
1 grosse **pomme à cuire**
 d'environ 300 g, épluchée,
 épépinée et hachée
175 g de **figues sèches**
 hachées
150 g de **sucre en poudre**
300 g de **farine à levure**
 incorporée
2 **œufs** battus
1 c. à s. de **graines**
 de tournesol
1 c. à s. de **graines**
 de citrouille

Versez le cidre dans une casserole, ajoutez la pomme et les figues et portez à ébullition. Laissez cuire 3 à 5 minutes afin que la pomme ramollisse légèrement. Retirez du feu et laissez tremper 4 heures.

Mélangez le sucre, la farine et les œufs aux fruits puis au cidre et remuez énergiquement.

Graissez un moule à pain et chemisez-le de papier sulfurisé, puis versez-y la préparation et lissez la surface. Éparpillez les graines sur le dessus et faites cuire 1 heure à 1 h 10 au four préchauffé à 160 °C, en plaçant bien le moule au centre du four. Le cake doit être bien levé, le dessus légèrement craquelé et, lorsque vous enfoncez un couteau au milieu, la lame doit ressortir propre.

Laissez refroidir 10 minutes puis décollez les bords et retirez le cake à l'aide du papier sulfurisé. Mettez-le sur une grille, retirez le papier de cuisson et laissez refroidir complètement. Coupez le cake en tranches et servez-le avec un peu de beurre. Vous pouvez le conserver 1 semaine dans une boîte hermétique.

Pour un cake aux pommes et aux fruits secs
Suivez la recette ci-dessus, mais remplacez le cidre par 300 ml de jus de pomme et les figues par 175 g de mélange de fruits secs. Une fois que vous avez versé la pâte dans le moule, saupoudrez-la de sucre ou laissez-la nature.

cake poires cardamome raisins

Pour **10 personnes**
Préparation **20 minutes**
Cuisson **1 h 15 à 1 h 30**

125 g de **beurre doux**
 à température ambiante
125 g de **cassonade** blonde
2 **œufs** légèrement battus
250 g de **farine à levure
 incorporée**
1 c. à c. de **cardamome**
 moulue
4 c. à s. de **lait**
500 g de **poires** épluchées,
 épépinées et coupées
 en tranches fines
125 g de **raisins de Smyrne**
1 c. à s. de **miel** clair

Dans un saladier, battez le beurre et la cassonade jusqu'à obtenir un mélange crémeux. Incorporez les œufs petit à petit. Tamisez la farine et la cardamome puis ajoutez-les, avec le lait, à la préparation.

Mettez environ un tiers des poires de côté et hachez grossièrement le reste. Incorporez les poires hachées à la préparation, en même temps que les raisins de Smyrne. Graissez un moule à pain, chemisez-le de papier sulfurisé, versez-y la pâte et lissez la surface.

Disposez les tranches de poires au centre du cake, en les enfonçant légèrement, puis faites cuire 1 h 15 à 1 h 30 au four préchauffé à 160 °C. Lorsque vous enfoncez un couteau dans le milieu du cake, la lame doit ressortir propre.

Retirez le cake du four et laissez-le refroidir 10 minutes, puis décollez les bords et retirez-le du moule à l'aide du papier sulfurisé. Mettez-le sur une grille, décollez le papier et laissez refroidir complètement. Arrosez de miel.

Cake pommes cannelle raisins de Smyrne
Remplacez la cardamome moulue par 1 cuillerée à café de cannelle et les poires par le même poids de pommes, préparées de la même manière.

cake à la confiture d'oranges

Pour **24 parts**
Préparation **25 minutes**
Cuisson **35 à 40 minutes**

125 g de **beurre**
200 g de **golden syrup**
100 g de **sucre en poudre**
2 c. à s. de **confiture
d'oranges**
2 c. à s. d'**écorce confite**
hachée (facultatif)
250 g de **farine à levure
incorporée**
2 c. à c. d'**épices mélangées** moulues
1 c. à c. de **gingembre**
moulu
½ c. à c. de **bicarbonate
de soude**
150 ml de **lait**
2 **œufs** battus

Décoration
2 **oranges** en tranches fines
50 g de **sucre en poudre**
200 ml d'**eau**
2 c. à s. de **confiture
d'oranges**

Dans une casserole, faites fondre à feu doux le beurre avec le golden syrup, le sucre et la confiture.

Retirez du feu et ajoutez les écorces hachées ainsi que tous les ingrédients secs. Incorporez le lait et les œufs et battez le tout jusqu'à obtenir un mélange homogène. Graissez un moule carré de 20 cm de côté et chemisez-le de papier sulfurisé. Faites cuire 35 à 40 minutes au four préchauffé à 180 °C. Le cake doit être bien levé et lorsque vous enfoncez un couteau au milieu, la lame doit ressortir propre.

Pendant la cuisson du cake, mettez les tranches d'orange dans une casserole avec le sucre et l'eau. Couvrez et faites cuire à feu doux 25 minutes. Retirez alors le couvercle et faites cuire 5 minutes de plus de façon à n'avoir plus que 2 cuillerées à soupe de liquide environ. Ajoutez la confiture et continuez à cuire jusqu'à ce que tout soit fondu.

Laissez refroidir le cake 10 minutes, puis décollez les bords et démoulez-le sur une grille. Retirez le papier, remettez le cake dans le bon sens et recouvrez-le du mélange à base d'oranges. Il se conserve 3 jours dans une boîte hermétique.

Cake aux noix de pécan et au gingembre
Ne mettez pas de confiture et remplacez le mélange de gingembre moulu et d'épices par 3 cuillerées à café de gingembre moulu. Ajoutez à la préparation 40 g de noix de pécan coupées en deux, puis faites cuire le cake selon les instructions ci-dessus. Ne mettez rien sur le dessus du cake.

dundee cake

Pour **12 à 14 parts**
Préparation **30 minutes**
Cuisson **1 h 45 à 2 heures**

250 g de **farine**
1 c. à c. de **levure chimique**
1 c. à c. d'**épices**
  mélangées
50 g d'**amandes** en poudre
le **zeste** et le **jus**
  de ½ **citron**
175 g de **beurre**
  à température ambiante
175 g de **sucre muscovado**
  blond
4 **œufs** battus
500 g de **mélange de fruits**
  secs
25 g d'**amandes** mondées

Dans un saladier, mélangez la farine, la levure, les épices, les amandes en poudre et le zeste de citron.

Dans un autre saladier, battez le beurre et le sucre jusqu'à obtenir un mélange crémeux. Incorporez petit à petit les œufs et le mélange à base de farine en versant alternativement 1 cuillerée de chaque. Vous devez obtenir une pâte lisse. Ajoutez les fruits secs et le jus de citron sans cesser de remuer.

Chemisez de papier sulfurisé un moule profond de 20 cm de diamètre et versez-y la préparation. Lissez la surface puis disposez sur le dessus les amandes en cercle. Faites cuire 1 h 45 à 2 heures au four préchauffé à 160 °C. Le cake doit être marron foncé, et lorsque vous enfoncez un couteau au milieu, la lame doit ressortir propre. Au bout de 1 heure de cuisson, vérifiez l'état des amandes : si elles commencent à brûler, couvrez le dessus du cake avec du papier d'aluminium.

Laissez refroidir 15 minutes puis décollez les bords, démoulez le cake sur une grille et retirez le papier de cuisson. Laissez refroidir complètement. Le cake se conserve 1 semaine dans une boîte hermétique.

Cake aux fruits tropicaux Remplacez les amandes moulues par 50 g de noix de coco séchée et les 250 g de fruits secs par le même poids de fruits secs exotiques (papaye, mangue et pêche) coupés en petits morceaux. Ne mettez pas d'amandes sur le dessus.

cake de Noël tropical

Pour **10 personnes**
Préparation **30 minutes**
Cuisson **1 h 15 à 1 h 30**

300 g de **beurre doux**
    à température ambiante
200 g de **sucre en poudre**
3 gros **œufs** battus
425 g de **farine à levure**
    incorporée tamisée
75 g de **cerises confites**
50 d'**écorces d'agrumes**
3 c. à s. d'**angélique**
3 c. à s. de **noix**
250 g de rondelles
    d'**ananas** en boîte,
    égouttées (réservez le jus)
3 c. à s. de **noix de coco**
    séchée
75 g de **raisins de Smyrne**
2 c. à s. de **copeaux**
    de noix de coco grillés
    pour décorer

Glaçage
250 g de **sucre glace**
40 g de **beurre doux** fondu
2 c. à s. de **noix de coco**
    séchée

Dans un saladier, battez le beurre avec le sucre pour obtenir un mélange crémeux. Incorporez petit à petit les œufs battus et la farine en versant alternativement 1 cuillerée de chaque.

Hachez les fruits secs, les noix et l'ananas, puis incorporez-les à la préparation, en même temps que la noix de coco, les raisins et 3 cuillerées à soupe du jus des ananas.

Graissez et farinez un moule à savarin de 23 cm de diamètre ou un moule à manquer de 20 cm de diamètre. Faites cuire 1 h 15 au four préchauffé à 160 °C si vous utilisez un moule à savarin, et 1 h 30 pour un moule à manquer. Laissez refroidir au moins 10 minutes puis décollez les bords et démoulez sur une grille. Laissez refroidir complètement.

Pour le glaçage, mélangez le sucre glace tamisé avec le beurre fondu, puis ajoutez 1 cuillerée à soupe du jus d'ananas et la noix de coco. Remuez jusqu'à ce que le mélange soit homogène, puis étalez le glaçage sur le dessus du cake et un peu sur les côtés. Décorez à l'aide des copeaux de noix de coco.

Cake façon pina colada Ajoutez dans la pâte 3 cuillerées à soupe de rhum brun à la place du jus d'ananas. Lorsque vous faites le glaçage, mettez seulement 25 g de beurre et remplacez le jus d'ananas par 2 ou 3 cuillerées de rhum afin d'obtenir un glaçage épais mais facile à étaler.

cake aux airelles et aux cerises

Pour **12 parts**
Préparation **30 minutes**
Cuisson **1 h 10 à 1 h 20**

200 g de **cerises confites**
175 g de **beurre**
   à température ambiante
175 g de **sucre en poudre**
le **zeste** de 1 petite **orange**
3 **œufs** battus
225 g de **farine à levure
   incorporée**
50 g d'**airelles** séchées
quelques **sucres écrasés**
   pour décorer

Rincez les cerises dans une passoire à l'eau froide puis égouttez-les et séchez-les avec du papier absorbant. (Cela permet d'éviter qu'elles ne tombent au fond au cours de la cuisson.) Gardez-en 50 g pour la décoration, et hachez grossièrement le reste.

Battez le beurre avec le sucre dans un saladier ou dans un robot jusqu'à obtenir un mélange crémeux. Versez-y le zeste d'orange puis incorporez petit à petit les œufs battus et la farine en versant alternativement 1 cuillerée de chaque. Vous devez obtenir une pâte lisse.

Ajoutez les cerises hachées et les airelles. Recouvrez le fond et les bords d'un moule assez profond de 18 cm de diamètre et versez-y la préparation. Lissez la surface puis décorez avec les 50 g de cerises restantes coupées en deux, et saupoudrez avec le sucre écrasé.

Faites cuire 1 h 10 à 1 h 20 au four préchauffé à 160 °C. Laissez refroidir 10 minutes puis décollez les bords, démoulez sur une grille et retirez le papier de cuisson. Laissez refroidir complètement. Le cake se conserve 5 jours dans une boîte hermétique.

Cake aux cerises et aux abricots Remplacez les cerises et les airelles par 125 g de cerises confites lavées, séchées et grossièrement hachées et 125 g d'abricots secs hachés. Avant de mettre au four, utilisez uniquement du sucre écrasé pour la décoration.

cake citron pavot

Pour **10 personnes**
Préparation **25 minutes**
Cuisson **1 heure à 1 h 10**

175 g de **beurre** à température ambiante
175 g de **sucre en poudre**
3 **œufs** battus
250 g de **farine à levure incorporée**
1 c. à c. de **levure chimique**
40 g de graines de **pavot**
le **zeste** et le **jus** de 2 **citrons**

Décoration
125 g de **sucre glace**
3 à 4 c. à c. de **jus de citron**
écorces de citron coupées en tranches fines

Dans un saladier, battez le beurre et le sucre jusqu'à obtenir un mélange crémeux. Incorporez petit à petit les œufs et la farine en versant alternativement 1 cuillerée de chaque. Ajoutez la levure, les graines de pavot, le zeste et 5 à 6 cuillerées à soupe du jus de citron. Mélangez.

Graissez un moule à pain et recouvrez le fond et ses deux côtés les plus longs de papier sulfurisé. Versez-y la préparation et lissez la surface. Faites cuire 1 heure à 1 h 10 au four préchauffé à 160 °C. Le cake doit être bien levé, le dessus craquelé et doré.

Laissez refroidir 10 minutes puis décollez les bords et démoulez le cake à l'aide du papier sulfurisé. Posez-le sur une grille, retirez le papier et laissez refroidir.

Dans un saladier, tamisez le sucre glace puis ajoutez petit à petit suffisamment de jus de citron pour avoir un glaçage assez coulant. Versez-le sur le dessus du cake en dessinant des lignes au hasard, ajoutez les tranches d'écorces de citron et laissez reposer le temps que le glaçage durcisse. Le cake se conserve 1 semaine dans une boîte hermétique.

Cake aux oranges et au carvi Suivez les instructions ci-dessus, mais en remplaçant les graines de pavot et le citron par 1 ½ cuillerée à café de graines de carvi grossièrement moulues, le zeste de 1 grosse orange et 5 à 6 cuillerées à soupe de son jus. Saupoudrez la pâte de 25 g de sucre écrasé avant la cuisson et ne faites pas de glaçage.

cake au thé et aux abricots

Pour **10 personnes**
Préparation **25 minutes**
 + trempage
Cuisson **1 heure**

100 g d'**abricots secs**
 hachés
100 g de **raisins de Smyrne**
100 g de **raisins secs**
150 g de **sucre en poudre**
300 ml de **thé chaud**
 bien fort
275 g de **farine à levure
 incorporée**
1 c. à c. de **bicarbonate
 de soude**
1 c. à c. de **cannelle**
 moulue
1 **œuf** battu

Mettez les fruits secs et le sucre dans un saladier, ajoutez le thé chaud et mélangez. Laissez tremper au moins 4 heures ou toute la nuit.

Mélangez la farine, le bicarbonate de soude et la cannelle, ajoutez-les aux fruits imbibés de thé en même temps que l'œuf battu, puis remuez.

Graissez un moule à pain et recouvrez le fond et ses deux côtés les plus longs de papier sulfurisé. Versez-y la préparation et lissez la surface. Faites cuire 1 heure au four préchauffé à 160 °C, en plaçant bien le moule au milieu du four. Le cake doit être bien levé, craquelé sur le dessus.

Laissez refroidir 10 minutes puis décollez les bords et démoulez le cake à l'aide du papier sulfurisé. Posez-le sur une grille, retirez le papier et laissez refroidir complètement. Coupez-le en tranches et tartinez-les d'un peu de beurre avant de servir. Sans beurre, le cake se conserve 1 semaine dans une boîte hermétique.

Cake aux pruneaux et à l'orange Remplacez les abricots et les raisins de Smyrne par 175 g de pruneaux dénoyautés et hachés, et utilisez 125 g et non pas 100 g de raisins secs. Mélangez avec le sucre en poudre comme indiqué ci-dessus et avec le zeste de 1 orange, puis laissez tremper dans 150 ml de jus d'orange et 150 ml d'eau bouillante à la place du thé. Ajoutez la farine, le bicarbonate de soude et l'œuf battu, mais sans mettre de cannelle. Puis suivez la recette.

pâtisserie

baklava aux agrumes

Pour **24 baklavas**
Préparation **30 minutes**
  + réfrigération
Cuisson **35 à 40 minutes**

Garniture
100 g de cerneaux de **noix**
100 g de **pistaches**
  décortiquées
100 g d'**amandes** mondées
75 g de **sucre en poudre**
½ c. à c. de **cannelle**
  moulue

Pâte
400 g de **pâte filo**
125 g de **beurre** fondu

Sirop
1 **citron**
1 petite **orange**
250 g de **sucre en poudre**
1 pincée de **cannelle**
  moulue
150 ml d'**eau**

Décoration
quelques **éclats**
  de pistaches

Dans une poêle antiadhésive non graissée, faites griller légèrement les fruits secs 3 à 4 minutes en remuant. Laissez refroidir puis hachez-les et mélangez-les au sucre et à la cannelle.

Déroulez la pâte et coupez-la en rectangles de la dimension de la base d'un moule de 18 x 28 cm. Réservez la moitié de la pâte dans du film alimentaire afin d'éviter qu'elle ne sèche. Badigeonnez de beurre toutes les feuilles de pâte non enveloppées puis superposez-les dans le moule. Versez-y le mélange à base de noix, badigeonnez de beurre les feuilles de pâte restantes et posez-les sur les noix.

Coupez le gâteau en 6 carrés, et chaque carré en 4 triangles. Faites cuire 30 à 35 minutes au four préchauffé à 180 °C. Couvrez au bout de 20 minutes, si nécessaire, afin d'éviter que le dessus ne brûle.

Préparez le sirop. Épluchez les agrumes puis émincez le zeste. Pressez le jus, mettez le tout dans une casserole avec le sucre, la cannelle et l'eau. Faites-y dissoudre le sucre à feu doux, puis laissez mijoter 5 minutes sans remuer.

Versez le sirop brûlant sur la pâte dès sa sortie du four. Laissez refroidir, puis mettez 3 heures au réfrigérateur. Démoulez les baklavas et décorez-les d'éclats de pistaches. Ils se conservent 2 jours au réfrigérateur.

Baklavas à la rose Remplacez le zeste et le jus d'agrumes par 4 cuillerées à soupe d'eau et 1 cuillerée à soupe d'eau de rose.

tartelettes aux pommes

Pour **4 tartelettes**
Préparation **20 minutes**
  + réfrigération
Cuisson **25 à 30 minutes**

375 g de **pâte feuilletée**
2 **pommes** vertes type
  granny-smith, épluchées,
  épépinées et coupées
  en tranches
1 c. à s. de **sucre
  en poudre**
25 g de **beurre doux** tout
  juste sorti du réfrigérateur
crème fraîche pour servir

Nappage à l'abricot
250 g de **confiture
  d'abricots**
2 c. à c. de **jus de citron**
2 c. à c. d'**eau**

Divisez la pâte en quatre, puis, sur un plan de travail fariné, étalez chaque partie à l'aide d'un rouleau à pâtisserie jusqu'à obtenir 2 mm d'épaisseur. À l'aide d'une assiette de 13 cm de diamètre, découpez 4 cercles dans la pâte. Placez les cercles de pâte sur une plaque de cuisson.

À l'aide d'une assiette légèrement plus petite que la première, tracez un cercle à environ 1 cm du bord de chaque rond de pâte pour délimiter les bords. Piquez le centre avec une fourchette et mettez au réfrigérateur 30 minutes.

Disposez les tranches de pommes en cercle sur chaque tartelette, puis saupoudrez de sucre. Râpez le beurre sur le dessus et faites cuire 25 à 30 minutes au four préchauffé à 220 °C jusqu'à ce que la pâte et les pommes soient dorées.

Pour le nappage à l'abricot, mettez la confiture dans une petite casserole avec le jus de citron et l'eau, et faites cuire à feu doux jusqu'à ce que la confiture fonde. Augmentez la température et faites bouillir 1 minute, retirez du feu et filtrez le glaçage à l'aide d'une passoire fine. Gardez-le au chaud, puis badigeonnez-en les tartelettes tant qu'elles sont encore chaudes. Servez avec une boule de glace.

Tartelettes aux pêches Remplacez les 2 pommes par 2 pêches épluchées et coupées en tranches fines. Disposez-les en cercles sur les tartelettes et suivez les instructions ci-dessus, mais en faisant cuire seulement 12 à 15 minutes.

éclairs au chocolat et à la liqueur

Pour **18 éclairs**
Préparation **40 minutes**
  + refroidissement
Cuisson **15 minutes**

150 ml d'**eau**
50 g de **beurre**
65 g de **farine** tamisée
2 **œufs** battus
½ c. à c. d'**essence
  de vanille**

Garniture
250 ml de **crème liquide
  entière**
2 c. à s. de **sucre glace**
4 c. à s. de **liqueur à base
  de whisky et de crème
  de café** (Baileys ou autre)

Glaçage au chocolat
25 g de **beurre**
100 g de **chocolat noir**
  cassé en morceaux
1 c. à s. de **sucre glace**
2 à 3 c. à c. de **lait**

Dans une casserole, faites fondre à feu doux le beurre avec l'eau. Portez à ébullition, puis ajoutez la farine et battez jusqu'à obtenir une boule lisse qui se détache bien de la casserole. Laissez refroidir 10 minutes.

Incorporez un à un les œufs puis la vanille jusqu'à ce que le mélange soit épais et lisse. Mettez-le dans une poche munie d'une douille de 1 cm de diamètre, puis, en pressant sur la poche, formez des bandes de pâte de 7,5 cm de long sur une plaque de cuisson recouverte de papier sulfurisé.

Faites cuire 15 minutes au four préchauffé à 200 °C, le temps que la pâte soit bien levée. Fendez le côté de chaque éclair pour laisser s'échapper la vapeur, puis remettez les éclairs dans le four éteint 5 minutes. Ressortez-les, puis laissez-les refroidir.

Fouettez la crème jusqu'à ce qu'elle épaississe, puis incorporez petit à petit le sucre glace et la liqueur. Coupez chaque éclair dans le sens de la longueur puis étalez-y la crème à l'aide d'une cuillère.

Pour le glaçage, faites fondre ensemble le beurre, le chocolat et le sucre glace. Incorporez le lait puis étalez le glaçage sur chaque éclair. Dégustez le jour même.

Profiteroles au chocolat Formez des petites boules de pâte, et faites cuire 10 à 12 minutes. Une fois refroidis, fourrez-les de crème fouettée nature et arrosez-les de sauce au chocolat obtenue en faisant chauffer à feu doux 150 g de chocolat noir avec 15 g de beurre, 25 g de sucre en poudre et 150 ml de lait.

paris-brest aux framboises

Pour **8 paris-brest**
Préparation **30 minutes**
  + refroidissement
Cuisson **15 minutes**

150 ml d'**eau**
50 g de **beurre**
65 g de **farine** tamisée
2 **œufs** battus
½ c. à c. d'**essence
  de vanille**
15 g d'**amandes** effilées
sucre glace tamisé

Garniture
300 ml de **crème fraîche**
  entière
3 c. à s. de **sucre glace**
  tamisé
250 g de **framboises**
  fraîches

Dans une casserole, faites fondre à feu doux le beurre avec l'eau. Portez à ébullition, puis ajoutez la farine et battez le tout de façon à obtenir une boule lisse qui se détache facilement de la casserole. Laissez refroidir 10 minutes.

Incorporez un à un les œufs et la vanille jusqu'à ce que le mélange soit épais et lisse. Mettez-le dans une poche à douille (douille de 1 cm de diamètre), puis formez des cercles de pâte de 7,5 cm de diamètre sur une plaque de cuisson recouverte de papier sulfurisé.

Éparpillez les amandes effilées sur le dessus, puis faites cuire 15 minutes au four préchauffé à 200 °C. Faites une petite fente sur le côté de chaque paris-brest afin que la vapeur s'échappe, puis remettez-les dans le four éteint 5 minutes. Ressortez-les, puis laissez-les refroidir.

Mélangez la crème fraîche avec la moitié du sucre glace. Coupez les paris-brest dans le sens de la longueur, puis fourrez-les avec la crème fraîche sucrée et quelques framboises. Servez-les saupoudrés du sucre glace restant. Dégustez-les de préférence le jour même.

Choux aux fraises et à la crème Formez 8 boules de pâte. Faites-les cuire jusqu'à ce qu'elles soient croustillantes, puis garnissez-les de 150 g de fromage frais mélangé à 150 ml de crème entière fouettée, 2 cuillerées à soupe de sucre glace et 250 g de fraises coupées en rondelles. Pour finir, saupoudrez les choux de sucre glace.

mini strudels pêches bananes

Pour **8 mini strudels**
Préparation **30 minutes**
Cuisson **15 à 18 minutes**

2 **bananes** (environ 175 g
  chacune avec la peau)
  épluchées et hachées
  en petits morceaux
2 c. à s. de **jus de citron**
2 petites **pêches** bien mûres
  d'environ 100 g chacune,
  dénoyautées et coupées
  en tranches
100 g de **myrtilles**
2 c. à s. de **sucre
  en poudre**
2 c. à s. de **chapelure**
  fraîche
½ c. à c. de **cannelle**
  moulue
270 g de feuilles de **pâte filo**
  (1 paquet de 6 feuilles)
50 g de **beurre** fondu
sucre glace tamisé

Mélangez les bananes avec le jus de citron puis versez dans un grand saladier avec les tranches de pêche et les myrtilles. À part, mélangez le sucre, la chapelure et la cannelle, puis incorporez-les aux fruits.

Dépliez les feuilles de pâte, et placez-en une devant vous en positionnant le côté le plus long vers vous.

Coupez-la en 2 rectangles de 23 x 25 cm. Étalez 2 grosses cuillerées de fruits sur chacun d'eux, repliez les côtés, badigeonnez la pâte avec un peu de beurre fondu puis roulez-la. Répétez l'opération de façon à obtenir 8 mini strudels en utilisant 4 feuilles de pâte.

Badigeonnez de nouveau les strudels de beurre fondu. Coupez les feuilles de pâte restantes en de larges bandes puis enroulez-les autour des strudels afin de couvrir les éventuelles fentes de la pâte. Placez-les ensuite sur une plaque de cuisson non graissée et badigeonnez-les avec le beurre restant.

Faites cuire à 190 °C à four préchauffé 15 à 18 minutes jusqu'à ce que les strudels soient roussis et croustillants. Laissez-les refroidir puis saupoudrez de sucre glace tamisé. Consommez-les le jour même.

Strudels traditionnels aux pommes Remplacez les fruits par 500 g de pommes à cuire épépinées, épluchées et coupées en tranches. Mélangez-les à 2 cuillerées à soupe de jus de citron et 50 g de raisins secs. Remplacez la chapelure par des amandes en poudre, et mettez 50 g de sucre au lieu de 2 cuillerées à soupe.

tarte au citron

Pour **8 personnes**
Préparation **20 minutes**
  + réfrigération
Cuisson **40 à 45 minutes**

200 g de **farine**
½ c. à c. de **sel**
100 g de **beurre** coupé
  en petits morceaux
2 c. à s. de **sucre glace**
  + un peu pour saupoudrer
2 **jaunes d'œufs**
1 à 2 c. à c. d'**eau** froide

Garniture
3 **œufs** + 1 **jaune d'œuf**
475 ml de **crème entière**
100 g de **sucre**
150 ml de **jus de citron**

Mettez la farine et le sel dans un saladier, ajoutez le beurre et travaillez du bout des doigts jusqu'à obtenir des miettes.

Versez le sucre glace et incorporez petit à petit les jaunes d'œufs et l'eau afin d'obtenir une pâte ferme.

Malaxez la pâte sur un plan de travail fariné, enveloppez-la de film alimentaire et mettez-la au réfrigérateur 30 minutes. Étalez-la sur un moule à tarte de 25 cm de diamètre. Piquez avec une fourchette puis remettez au réfrigérateur 20 minutes.

Recouvrez la pâte de papier de cuisson et de haricots secs (ou en céramique), puis faites-la cuire 10 minutes au four préchauffé à 200 °C. Retirez le papier et les haricots puis remettez au four 10 minutes de façon que la pâte soit dorée et croustillante. Retirez-la du four et baissez la température à 150 °C.

Pendant ce temps, mélangez les ingrédients de la garniture et étalez le tout sur la pâte. Faites cuire 20 à 25 minutes, le temps que le mélange prenne. Laissez la tarte refroidir complètement, puis saupoudrez-la de sucre glace avant de servir.

Tarte aux agrumes Remplacez le jus de citron par 150 ml de mélange de jus de citron, d'orange et de citron vert frais.

mille-feuille aux fruits rouges

Pour **8 personnes**
Préparation **40 minutes**
Cuisson **13 à 16 minutes**

375 g de **pâte feuilletée**
250 ml de **crème entière**
150 g de **crème anglaise**
   toute prête
200 g de **fraises** coupées
   en tranches
150 g de **framboises**
sucre glace tamisé
   (facultatif)

Déroulez la pâte feuilletée sur un plan de travail fariné et coupez-la en 2 bandes de 10 x 30 cm. Disposez-les en les séparant sur une plaque de cuisson mouillée. Piquez avec une fourchette et faites cuire 10 à 12 minutes au four préchauffé à 220 °C. La pâte doit être bien levée.

Coupez chaque bande en 2 horizontalement, puis placez-les sur une autre plaque de cuisson en plaçant le côté cuit dessous. Faites cuire chaque bande 3 à 4 minutes de plus afin que le centre soit sec, puis laissez refroidir.

Fouettez la crème entière, incorporez-y la crème anglaise, puis étalez le mélange sur 3 des 4 bandes de pâte. Éparpillez les fraises et les framboises sur chaque bande, puis assemblez le mille-feuille.
Si vous le souhaitez, vous pouvez ajouter la quatrième bande de pâte et la saupoudrer de sucre glace. Disposez ensuite le mille-feuille sur un plat de service rectangulaire, puis coupez-le en 8 et servez. Consommez de préférence le jour même.

Mille-feuille au café Suivez les instructions ci-dessus pour cuire la pâte. Faites dissoudre 3 cuillerées à café de café instantané dans 2 cuillerées à café d'eau bouillante, puis incorporez-le au mélange de crème. Étalez la crème au café sur les 3 bandes de pâte, mais sans mettre de fruits. Superposez-les, puis ajoutez sur le dessus la dernière bande de pâte en la recouvrant avec le glaçage des éclairs au chocolat (voir p. 212) et quelques copeaux de chocolat pour décorer.

desserts
sans cuisson

bouchées au citron

Pour **9 bouchées**
Préparation **25 minutes**
+ réfrigération

1 dizaine de **biscuits
à la cuillère**, coupés
en 2 horizontalement afin
d'avoir des bouchées
plus fines
100 g de **beurre**
à température ambiante
100 g de **sucre en poudre**
le **zeste** de 2 **citrons**
2 **œufs**, blancs et jaunes
séparés
150 ml de **crème entière**
le **jus** de 1 **citron**

Décoration
4 c. à s. de **sucre glace**
125 g de **framboises**
fraîches
100 g de **myrtilles**
quelques **feuilles
de menthe** fraîche

Tapissez un moule carré de 20 cm de côté
de film alimentaire et recouvrez le fond de biscuits
à la cuillère. Ne faites qu'une seule couche.

Battez le beurre, le sucre et le zeste des citrons.
Incorporez petit à petit les jaunes d'œufs.

Dans un grand saladier, montez les blancs en
neige puis, dans un autre saladier, fouettez la crème.
Incorporez la crème fouettée puis les blancs en
neige au mélange à base de sucre et de jaunes
d'œufs. Ajoutez petit à petit le jus de ½ citron.

Utilisez un peu de jus de citron restant pour arroser
les biscuits à la cuillère, puis recouvrez-les avec le
mélange de crème, et lissez la surface. Recouvrez
d'une seconde couche de biscuits à la cuillère, en
appuyant légèrement pour qu'ils soient bien en contact
avec la crème. Arrosez-les ensuite avec le reste de jus
de citron. Couvrez le tout du film alimentaire et mettez
au réfrigérateur au moins 4 heures ou toute la nuit.

Retirez la couche supérieure de film, retournez le
gâteau sur une planche et enlevez l'autre couche
de film. Saupoudrez de sucre glace, coupez
en 9 bouchées et décorez de framboises, de
myrtilles et de feuilles de menthe. Disposez les
bouchées sur un plat de service. Consommez-
les dans les 2 jours. Conservez au réfrigérateur.

Bouchées au citron vert Remplacez les citrons par
des citrons verts. Utilisez le zeste de 3 citrons verts
et le jus de 1 ½ citron vert.

cheese-cake sicilien

Pour **8 personnes**
Préparation **20 minutes**
+ réfrigération

250 g de **ricotta**
50 g de **sucre glace**
non tamisé
150 ml de **crème entière**
100 g de **pépites**
de chocolat noir
75 g d'**abricots secs**
finement hachés
75 g de **cerises confites**
multicolores grossièrement
hachées
2 c. à s. d'**écorces confites**
hachées
1 douzaine de **biscuits**
à la cuillère environ
6 c. à s. de **rhum blanc**
cacao pour décorer

Mélangez la ricotta avec le sucre glace. Fouettez la crème jusqu'à ce qu'elle épaississe, puis incorporez-la à la ricotta. Réservez quelques pépites de chocolat, un peu d'abricots, de cerises et d'écorces, puis incorporez le reste au mélange à base de ricotta.

Recouvrez de film alimentaire le fond et les bords d'un moule à cake de 18 cm de diamètre. Disposez la moitié des biscuits à la cuillère sur le fond du moule, en les cassant si nécessaire, puis arrosez-les avec la moitié du rhum.

Étalez les deux tiers du mélange à base de ricotta sur les biscuits et lissez la surface. Recouvrez le tout avec les biscuits restants, puis arrosez-les avec le reste de rhum. Étalez le reste de ricotta sur le dessus et décorez avec les pépites de chocolat et les fruits que vous avez réservés, puis saupoudrez de cacao. Mettez au réfrigérateur au moins 4 heures ou toute la nuit.

Décollez les bords puis enlevez le gâteau du moule à l'aide du film alimentaire. Retirez le film et mettez le gâteau sur un plat de service. Coupez-le en huit et servez. Il se conserve 2 jours au réfrigérateur.

Gâteau aux cerises et au kirsch Remplacez le rhum par du kirsch et le mélange à la ricotta par du mascarpone sucré. Décorez avec des pépites de chocolat comme ci-dessus, mais remplacez les fruits secs par 425 g de cerises noires en conserve, égouttées et hachées grossièrement.

barres chocolat pistaches noisettes

Pour **10 barres**
Préparation **20 minutes**
  + réfrigération
Cuisson **5 minutes**

50 g de **beurre**
400 g de **lait concentré**
  sucré allégé
200 g de **chocolat noir**
  cassé en morceaux
125 g de **biscuits à thé**
50 g de **noisettes**
100 g de **pistaches**
  décortiquées

Beurrez le fond et les côtés d'un moule à charnière de 20 cm de diamètre. Mettez le reste du beurre dans une casserole avec le lait concentré et le chocolat. Faites chauffer 3 à 4 minutes à feu doux tout en remuant, puis, une fois que le mélange a fondu, retirez-le du feu.

Mettez les biscuits dans un sac en plastique et écrasez-les à l'aide d'un rouleau à pâtisserie. Préchauffez le gril, placez les noisettes dessous jusqu'à ce qu'elles soient légèrement grillées puis hachez-les grossièrement en même temps que les pistaches.

Incorporez les biscuits écrasés à la préparation à base de chocolat, puis versez-en la moitié dans le moule et lissez la surface. Gardez 2 cuillerées à soupe de pistaches et de noisettes pour décorer le dessus, et éparpillez le reste sur la pâte. Recouvrez avec le reste de pâte, lissez la surface avec le dos d'une cuillère et éparpillez le reste de noisettes et de pistaches.

Mettez le plat au réfrigérateur 3 à 4 heures jusqu'à ce que le mélange ait durci. Décollez les bords et retirez le dessert du moule. Coupez en 10 tranches fines ou en de petites bouchées pour faire des petits-fours. Enveloppées de papier d'aluminium, les barres se conservent 3 jours au réfrigérateur.

Feuilletés aux fruits confits Remplacez une partie des noisettes par le même poids de cerises confites ou de gingembre confit, des raisins de Smyrne ou des abricots secs.

diplomate au chocolat

Pour **8 personnes**
Préparation **25 minutes**
  + réfrigération

200 g de **chocolat noir**
  cassé en morceaux
300 ml de **crème entière**
3 c. à s. de **sucre glace**
4 c. à s. de **cognac** ou
  de **liqueur de café**
100 ml de **café noir** bien
  fort et refroidi
30 **boudoirs** environ

Décoration
150 ml de **crème entière**
cacao tamisé

Faites fondre le chocolat au bain-marie.
Pendant ce temps, recouvrez de film alimentaire
le fond et les bords d'un moule à pain.

Fouettez la crème jusqu'à ce qu'elle épaississe.
Incorporez le sucre glace puis le chocolat fondu.
Étalez une fine couche de la préparation
sur le fond du moule.

Dans un plat peu profond, mélangez le café
avec le cognac ou la liqueur de café. Plongez-y
les boudoirs un par un afin de les imbiber, puis
disposez-les en une couche sur le dessus de la
crème au chocolat. Recouvrez avec la moitié du
reste de crème, puis faites une nouvelle couche
de biscuits imbibés, et ainsi de suite jusqu'à ce
qu'il ne reste plus de crème ni de biscuits.

Mettez au réfrigérateur au moins 4 heures ou
toute la nuit. Ensuite, décollez les bords, retournez
le gâteau sur un plat de service et retirez le film
alimentaire. Pour décorer, fouettez la crème entière
et étalez-la sur le dessus, puis saupoudrez de
cacao. Servez le diplomate coupé en tranches. Vous
pouvez le garder jusqu'à 2 jours au réfrigérateur.

Tiramisù Mélangez 250 g de mascarpone avec
2 cuillerées à soupe de sucre glace et mélangez le tout
avec 150 ml de crème entière. Suivez ensuite la recette
ci-dessus en imbibant les biscuits de café et de liqueur
de café, puis décorez avec des copeaux de chocolat.

croquants au chocolat

Pour **15 croquants**
Préparation **15 minutes**
  + réfrigération

150 g de **chocolat noir**
  cassé en morceaux
100 g de **beurre
  de cacahuètes**
  avec morceaux
25 g de **beurre**
2 c. à s. de **golden syrup**
150 g de **biscuits digestifs**
50 g d'**amandes**
  ou de **noix de cajou**
quelques **amandes** sucrées
  grossièrement hachées
  pour décorer

Dans une casserole, faites fondre à feu doux le chocolat, le beurre de cacahuètes, le beurre et le golden syrup en remuant de temps en temps. Une fois que tout est fondu, retirez la casserole du feu.

Mettez les biscuits dans un sac en plastique et écrasez-les à l'aide d'un rouleau à pâtisserie. Versez-les ensuite avec les amandes ou les noix de cajou dans la préparation à base de chocolat et remuez afin que toutes les noix ou amandes soient recouvertes de chocolat.

Versez la préparation dans un moule carré de 20 cm de côté recouvert de papier sulfurisé et lissez la surface. Mettez au réfrigérateur 4 heures, le temps que la pâte durcisse. Retirez ensuite le gâteau du moule à l'aide du papier sulfurisé, coupez-le en 15 petits carrés et décollez le papier sulfurisé. Décorez avec les amandes sucrées. Les croquants se conservent 3 jours dans une boîte hermétique.

Croquants aux amandes et à la noix de coco

Suivez la recette ci-dessus mais remplacez les amandes ou les noix de cajou par 50 g d'amandes grillées et grossièrement moulues et 3 cuillerées à soupe de noix de coco séchée.

roses des sables

Pour **20 pièces**
Préparation **15 minutes**
+ réfrigération

200 g de **chocolat noir**
cassé en morceaux
50 g de **beurre**
3 c. à s. de **golden syrup**
125 g de **corn flakes**
marshmallows coupés
en dés pour décorer

Mettez le chocolat avec le beurre et le golden syrup dans une casserole. Faites cuire à feu doux, en remuant de temps en temps, jusqu'à ce que le chocolat et le beurre aient complètement fondu. La préparation doit être lisse et brillante.

Versez les corn flakes dans la casserole et mélangez de façon qu'ils soient complètement enrobés de chocolat. Répartissez le mélange dans 20 petits moules en papier disposés sur un plateau ou une plaque de cuisson, et laissez-les refroidir 2 à 3 heures. Décorez avec les dés de marshmallows.

Gourmandises au chocolat et aux oranges,
Remplacez les corn flakes par la même quantité de riz soufflé et ajoutez le zeste de 1 petite orange.

annexe

table des recettes

petits gâteaux

meringues pistache chocolat 16
cupcakes aux bonbons 18
petits cakes au citron et à l'orange 20
scones orange raisins secs 22
muffins aux noix de pécan 24
galettes croustillantes aux raisins 26
petites brioches de Pâques 28
churros 30
cupcakes au gingembre 32
petits sablés viennois à la confiture 34
muffins à la myrtille et au citron 36
mini cakes au cappuccino 38
lamingtons 40
chunky chocolate muffins 42
pancakes banane raisins de Smyrne 44
muffins épicés poire canneberges 46
sablés à la fraise et à la lavande 48
muffins abricot tournesol 50
meringues banane caramel 52
cakes aux noisettes et aux myrtilles 54
cupcakes au citron 56
scones à la mélasse 58
cupcakes au moka 60
cakes framboise noix de coco 62

biscuits

cookies aux épices 66
petits biscuits de Pâques 68
florentins au chocolat 70
bonshommes de neige
  au gingembre 72
coffee kisses 74
palets au sirop d'érable 76
amandines 78
biscuits Linzer 80
décorations de Noël 82
shortbread 84
cookies caramel cerises 86
bretzels aux trois chocolats 88
cookies aux trois chocolats 90
sablés à la crème de fleur
  de sureau 92
cookies chocolat piment 94
cookies au beurre de cacahuètes 96
biscuits raisins cumin 98
croquants avoine gingembre 100
biscotti grillés 102
cookies coco pistache 104

gâteaux à partager

chocolate chip shortbread 108
gâteau coco fraise 110
barres énergétiques 112
bouchées cerises amandes 114
brownies au chocolat rhum raisins 116
blondies chocolat blanc abricots 118
bouchées tropicales au gingembre 120
gâteau poire orange chocolat 122
crumble aux pommes et aux mûres 124

barres bananes chocolat 126
gâteau renversé mangue kiwi 128
croquants pruneaux tournesol 130
shortbread chocolat caramel 132

gâteaux fourrés

macaron aux fraises 136
gâteau au chocolat et au rhum 138
gâteau à la compote de pommes 140
gâteau chocolat patate douce 142
génoise au citron 144
streusel aux prunes
  et aux amandes 146
gâteau des chérubins 148
gâteau roulé abricots oranges 150
délice tout chocolat 152
gâteau Saint-Clément 154
gâteau roulé chocolat marrons 156
gâteau au chocolat et aux dattes 158
gâteau au café et praline pistache 160
meringue roulée aux myrtilles 162
grand gâteau au chocolat 164
gâteau au café 166
gâteau carotte noix 168
gâteau Victoria 170
gâteau chocolat Guinness 172
gâteau roulé cerises orange 174
gâteau de polenta au citron 176
gâteau croquant chocolat noisettes 178

cakes sucrés

cake au poivre et aux raisins 182
cake dattes banane noix 184
cake jamaïcain au gingembre 186
cake gingembre whisky 188
cake au cidre pommes figues 190
cake poires cardamome raisins 192
cake à la confiture d'oranges 194
dundee cake 196
cake de Noël tropical 198
cake aux airelles et aux cerises 200
cake citron pavot 202
cake au thé et aux abricots 204

pâtisserie

baklava aux agrumes 208
tartelettes aux pommes 210
éclairs au chocolat et à la liqueur 212
paris-brest aux framboises 214
mini strudels pêches bananes 216
tarte au citron 218
mille-feuille aux fruits rouges 220

desserts
sans cuisson

bouchées au citron 224
cheese-cake sicilien 226
barres chocolat pistaches
  noisettes 228
diplomate au chocolat 230
croquants au chocolat 232
roses des sables 234

découvrez toute la collection

APÉRO
FINGER FOOD • TOASTS • DIPS

Plus de 100 recettes & variations
MARABOUT

BLANDINE VIE
**RECETTES POUR
BÉBÉ**

Plus de 100 recettes & variations
MARABOUT

WOK
THAÏ CHINOIS VIETNAMIEN INDIEN

Plus de 100 recettes & variations
MARABOUT

JO McAULEY
**RECETTES
FACILES**

Plus de 100 recettes & variations
MARABOUT

PETITS
GÂTEAUX

Plus de 100 recettes & variations
MARABOUT

PETITS PLATS
ÉPICÉS

Plus de 100 recettes & variations
MARABOUT

MARENA FILIPPELLI
PASTA
FETTUCCINE • PENNE • TORTELLINI

Plus de 100 recettes & variations
MARABOUT

POISSONS
& CRUSTACÉS

Plus de 100 recettes & variations
MARABOUT

RECETTES
VAPEUR

Plus de 100 recettes & variations
MARABOUT

MARABOUT
CÔTÉ CUISINE